KB105572

정리만
했을 뿐인데,

마음이
편안해졌다

KANJYOU WO TOTONOERU KATADUKE
© TANEICHI SYOUGAKU 2017

Originally published in Japan in 2017 by Achievement Publishing Co., Ltd., TOKYO,
Korean translation rights arranged with Achievement Publishing Co., Ltd., TOKYO,
through TOHAN CORPORATION, TOKYO, and Danny Hong Agency, SEOUL.
Korean translation copyright © 2018 by Health Chosun Co., Ltd.

이 책의 한국어판 저작권은 대니홍 에이전시를 통한 저작권사와의 독점 계약으로 (주)헬스조선에 있습니다.
저작권법에 의해 한국 내에서 보호를 받는 저작물이므로 무단전재와 복제를 금합니다.

일, 가정, 관계가 술술 풀린다
감정을 움직이는 정리의 법칙

정리만
했을 뿐인데,
마음이
편안해졌다

다네이치 쇼가쿠 지음 | 유민 옮김

북클라우드

인생을 바꾸는 가장 빠른 길

감정과 환경은 연결되어 있다

어지를 생각은 없었는데 어느 새 어질러져 있다.

방바닥에 물건이 너무 많아 발 디딜 틈도 없다.

옷장이나 서랍 안이 무질서하고 너저분하다.

'정신을 차려보니', '이럴 생각은 없었는데' 방이 이렇게 되지는 않나요? 공간을 어지럽히는 버릇은 다른 사람은 물론 자기 자신도 괴롭게 합니다. 자각 없이 하는 행동인 만큼, 어질러진 방을 봐도 남의 일처럼 느껴지기 때문에 좀처럼 개선되지 않지요. 어쨌든 방이나 작업 공간이 너저분한 것은 기본적으로 자기가 물건을 놔두거나 옮겨서 생긴 결과입니다. 모두 자기 손으로 저지른 일이지, 다른 누군가의 짓이 아닙니다.

"맞는 말이지만 어지르고 싶어서 어지른 게 아닌데…."

그럼요, 그 말은 진심이고 거짓말은 아니겠지요. 어지르고 싶지 않은데 어질러진다는 것이 마치 불가사의한 현상처럼 느껴지지만, 여러분의 의식이 아닌 무의식이 물건을 다룬 결과입니다.

무의식이란 의식에 잡히지 않는 영역을 말합니다. 사람의 의식과 무의식의 비율은 1:9 정도, 혹은 무의식이 9 이상이라고도 합니다. 이렇듯 사람의 마음을 움직이는 데에는 무의식이 압도적인 비중을 차지합니다. 우리가 음식을 꼭꼭 씹어 삼키거나, 손발을 앞뒤로 움직이며 걷거나, 단어를 조합하여 이야기하는 등 습관화된 행동 모두가 무의식이 관여한 결과입니다. 내 의지와는 상관없이 떠오르는 여러 생각이나 감정도 무의식에 의한 반응입니다.

무의식중에 방이나 책상을 어지르는 것은 생각이나 감정도 어지럽다는 뜻입니다. 감정이 흐트러지면 무의식은 우리의 주변 환경, 즉 집이나 방, 직장의 책상 주변도 어지럽게 만듭니다. 환경은 우리 마음의 변화를 반영하며, 감정과 연결되어 있습니다.

우리의 감정과 사고, 그리고 환경까지 좌우하는 무의식을 잘 관리한다면 간단하지만 극적으로 인생을 변화시킬 수 있습니다. 무의식이 마음의 90% 이상을 차지하니까요.

그런데 우리는 스스로를 바꾸거나 더 발전하고 싶을 때 마음의 10%밖에 차지하지 않는 의식을 변화시키는 데에만 집중합니다. 자기계발서를 읽거나, 자기관리에 대해서 공부하는 식으로 말이죠. 10%짜리 의식을 바꾸는 데 힘을 쏟기보다는 우리 마음의 90%를 차지하는 무의식을 바꾸려고 노력해봅시다. 훨씬 확실하고도 극적으로 변하는 자신을 발견할 수 있을 것입니다.

앞에서 이야기한 것처럼, 감정은 그때그때 무의식적으로 환경에 반영됩니다. 그 반대의 경우 역시 마찬가지입니다. 우리는 환경을 통해 감정에 개입할 수 있습니다. 즉, 환경을 정돈하면 감정도 정리됩니다. 90%의 무의식을 변화시켜 감정을 정리하기 위해서는 환경을 바꾸는 것이 가장 효율이 높고 효과적인 방법입니다.

감정을 정리하는 데 풍수라니요?

먼저 말해두자면, 풍수는 과학입니다. 풍수라고 하면 미신으로 생각하는 사람들이 아직도 많습니다. 풍수란 환경을 내 편으로 만드는 방법, 자연 에너지를 그 공간의 목적에 맞게 활용하는 방법입니다.

풍수는 과거의 도시나 건축물에서 데이터를 읽어내고 그것을 축적해온 결과이며 전승과학입니다. 과거에 정보가 잘 유통되도록 설계되었던 도시나, 쉽게 공격받지 않게 건축되었던 성, 힘이나 권위를 보여주기 위해 지어졌던 아름다운 건축물이나 공간에는 오늘날 말하는 풍수가 이미 적용되어 있습니다. 거기에서 '방위학(方位學)'이나 '기의 흐름을 읽는 법', '환경, 몸, 마음의 관계' 같은 것을 읽어내는 거죠. 예를 들어볼까요?

방에 자연광이 들어오면 밝고 쾌적하다고 느끼는 반면, 방의 벽지나 커튼의 색이 너무 진하면 어딘가 답답하고 불편하다고 느낀 경험이 있을 것입니다. 이렇게 환경으로부터 받는 느낌은 우리의 무의식에 크게 영향을 미칩니다. 이 사실을 이용하여 무의식에 좋은 영향을 끼치도록 환경을 최적의 상태로 만드는 것이 이 책에서 말하고자 하는 '감정을 정리해 인생을 긍정적으로 바꾸는 방법'입니다. 자신의 주변 환경을 정돈하면 생각이나 감정 패턴, 행동도 바꿀 수 있다고 하는 풍수의 사고방식과도 많은 관련이 있죠.

저는 구카이 밀교의 대아사리(지도 승려)이자 풍수전문가인 마쓰나가 슈가쿠 선생님 아래에서 15년 동안 수행하고, 아사리 칭호를 받음과 동시에 풍수를 배우며 계속 실천해왔습니다. 앞서 말했듯이 풍수는 환경의 힘을 내 편으로 만들어 무의식에 개입시킴으로써 감정을 정리하는 방법입니다. 이러한 풍수 기술을 토대로 이 책에서는 환경을 정리해서 무의식과 감정을 정리하는 방법을 소개합니다.

또, 자신이나 타인의 감정과 욕망을 부정하지 않고 그대로 받아들여 어떠한 상황에도 평상심을 잃지 않도록 하는 습관도 함께 소개하려 합니다. 저는 이 2가지를 바탕으로 개인이나 기업의 풍수 컨설팅을 2천 건 이상 담당해왔습니다. 상담을 통해 인생이 호전된 예는 다음과 같습니다.

· 부부싸움이 없어지고 이혼을 피했다

· 아이가 스스로 공부하기 시작했다

· 방에서 은둔하던 아이가 학교에 가기 시작했다

· 가족 간 대화가 늘고 사이가 좋아졌다

· 경제적인 위기에서 벗어났다

· 우울증과 공황장애가 개선되었다

· 불면증이 나아 푹 잘 수 있게 되었다

이분들이 특별히 어려운 일을 하지는 않았습니다. 이 책에 나온 방법을 바탕으로 집이나 직장 환경을 정리했을 뿐이지요. 정리한 날 바로 효과를 실감했다는 사람도 많습니다. 그 정도로 환경은 감정에 지대한 영향을 끼칩니다.

자신을 바꾸는 가장 빠른 길은 환경을 바꾸는 것입니다. 환경을 바꾸면 자신의 생각과 감정도 쉽게 바꿀 수 있습니다.

> 감정에 휘둘리지 않고, 나답고 자유로운 삶을 사는 나
>
> 언제나 기분이 좋고, 내일이 기다려지며 매일 설레는 나

이 책에 나온 방법들은 위와 같이 이상적인 나를 만들어주는 힘이 있습니다. 그렇다면 이제부터 감정과 환경의 상관관계를 알아보고, 집과 직장 환경을 최적의 상태로 만들어보세요.

의식은 10%, 무의식은 90%
풍수란 무의식에 작용하게 하는 기술

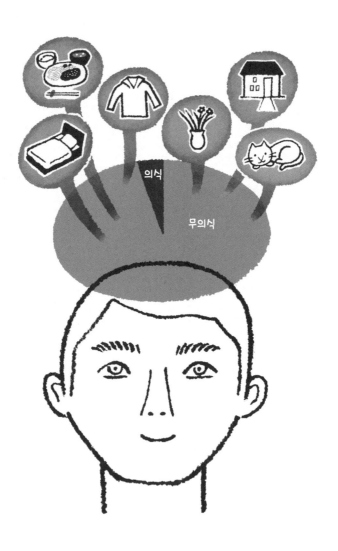

이것은 흔들리지 않는 마음을 기를 수 있게 해주는 불교 문자
입니다. 나쁜 기운을 쫓고 감정을 차분하게 만드는 힘이 있다고
알려져 있습니다. 여러분이 좋은 환경을 만들어 삶을 생기 있고
긍정적으로 만들 수 있기를 바랍니다.

CONTENTS

정리정돈은 결국, 자신을 아끼는 일

part
2

감정을 정리하는 첫걸음,
버리기의 모든 것

part
3

감정도 인생도 원만해지는
집으로 만드는 법

part
4

일을 잘할 수밖에 없는
직장 환경 만드는 법

part
5

어떠한 상황에도
평상심을 잃지 않는 10가지 습관

part
1

정리정돈은 결국,
자신을 아끼는 일

자신을 바꾸고 싶다면
공간을 바꾸세요

사람은 주변 환경을 스스로 만드는 동시에 색, 모양, 소리, 냄새, 온도 등의 환경정보를 눈과 귀, 코, 입, 피부로 받아들이고 느끼는 생물입니다. 이들 정보는 자극이라고 부를 수 있으며, 모든 자극은 기운을 발산합니다. 이러한 기운이 사람에게 영양이 될지, 독이 될지를 판단하는 것이 풍수입니다.

만약 환경으로부터 무의식에 들어오는 정보가 편안하지 않고 어지럽다면 사람의 마음도 어지러워지지 않을까요? 반대로, 사람에게 좋은 영향을 주는 공간으로 바꾸면 마음이 편안해집니다. 사찰이나 성당 등 종교 시설이 늘 정결하게 정돈되어 있는 이유는 환경이 사람의 마음에 영향을 준다는 사실을 고려한 결과입니다.

주변을 정리하면
감정과 생각이 변합니다

환경이 사람의 마음에 영향을 준다는 말은, 곧 생각과 감정이 환경으로부터 생겨난다는 뜻입니다. 어떤 것을 보거나 듣거나 만지면 오감의 반응을 통해서 머릿속에 다양한 이미지가 그려지는데, 생각과 감정은 이러한 이미지들로부터 발생합니다.

예를 들어 창이 없고 어두운 방에 혼자 있을 때, 왠지 으스스하다는 생각이 드는 것은 과거의 무서운 경험에 대한 이미지가 머릿속에 떠올랐기 때문입니다. 그래서 우리의 의식은 '여기서는 긴장을 풀지 말고 조심하자'라는 생각이나 감정을 만들어내는 것이지요.

이처럼 과거에 마주했던 나쁜 이미지는 현재의 부정적인 생각과 감정으로 연결됩니다. 반대로 좋은 기억이나 좋은 경험은 좋은 이미지를 가져옵니다. 좋은 이미지가 많아지면 생각과 감정도 긍정적으로 바뀝니다. 그러면 우리 마음을 90% 이상 움직이는 무의식에도 긍정적인 변화가 일어납니다.

인간은 의식적으로든 무의식적으로든 늘 어떤 이미지를 머릿속에 떠올립니다. 훌륭한 영화를 보면 2, 3일 동안은 '정말 재미있는 작품이었지' 하고 기억을 되새기며 영화의 영상을 떠올리지요. 여행길에 본 아름다운 풍경은 더 오랫동안 뇌리에 남고요. 데이트 약속을 하거나 여행 계획을 짜는 등 설레는 일정을 잡아놓아도 좋은 이미지는 늘어날 것입니다. 즐거운 일은 아직 일어나기 전인데도 현재의 기분까지 즐겁게 합니다. 유쾌한 기분은 이처럼 긍정적 에너지, 나를 생기 있게 만드는 힘을 불러옵니다.

즐거움과는 달리 싫은 것을 피하려는 마음에서 생기는 부정적인 에너지는 큰 원동력은 되지만, 좋지 않은 기분을 불러옵니다. 이러한 마이너스 에너지는 일을 빨리 진척시킨다는 장점은 있지만 우리를 행복하게 하지는 못하죠.

기쁨, 행복, 즐거움, 만족감과 같은 감정은 긍정적 에너지를 만들고 고뇌, 공포, 희생과 같은 감정은 부정적 에너지를 만듭니다. 이 원칙을 바탕으로 공간을 정리하여 긍정적인 에너지와 부정적인 에너지의 균형을 맞추고, 나아가서는 감정도 정리할 수 있게 돕고자 합니다.

슬픔, 분노 등 부정적인 감정을 불러오는 방

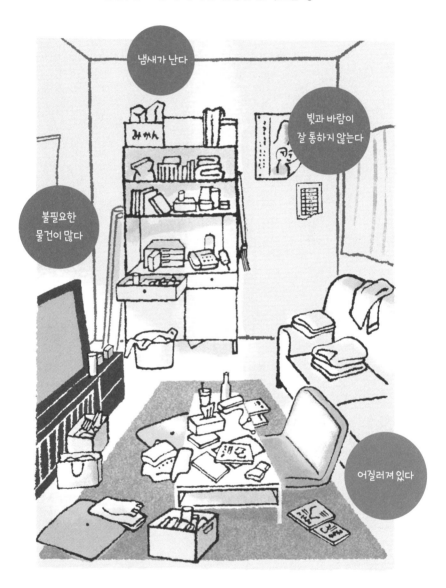

즐거움, 행복 등 긍정적인 감정을 불러오는 방

기분 좋은
향기가 난다

빛과 바람이
잘 들어온다

식물이나
풍경화가 있다

불필요한 물건이
없다

공간이 주는 이미지가
당신의 감정을 만듭니다

밖에 있을 때 집을 생각하면 어떤 이미지가 떠오르나요? 집을 떠올리는 이미지가 긍정적인지 부정적인지에 따라 우리의 기분이나 감정은 크게 달라집니다. 집은 우리가 매일 오랜 시간 머무르는 곳인 만큼, 한 번 보았던 영화나 여행의 이미지와는 비교가 안 될 정도로 우리의 인생에 커다란 영향력을 발휘합니다.

깔끔하게 정돈되고 좋아하는 것들로 가득한 집은 즐거운 이미지를 갖게 되며, 우리를 행복하고 유쾌하게 만드는 힘이 있습니다. 반면에 지저분하고 어수선하게 어질러진 집이나 다툼이 끊이지 않는 집은 부정적인 에너지를 강하게 뿜어 우리 감정마저 부정적인 방향으로 이끕니다.

이상적인 집은 일과를 마치고 돌아오는 길에 생각하면 늘 즐거운 이미지가 떠오르는 집입니다. 깨끗이 치워져 있는 집에 사는 사람은 집에 가서 뭘 할까 계획하면서 즐거움을 느낄 수 있습니다. 반대로 집이 어질러져 있는 상태면 돌아가서 청소부터 해야 한다는 생각에 한숨을 쉬며 귀가하게 되겠지요. 즐거운 이미지를 떠올리지 못하니 자연히 집으로 향하는 발걸음도 무거워집니다.

집이라는 공간은 집 안에 있을 때에도 멀리 나가 있을 때에도 우리의 감정에 큰 영향을 미칩니다. 그만큼 감정을 정리하는 데 집처럼 가장 가까운 환경을 좋은 상태로 만드는 것은 아주 중요합니다.

원하는 결과를 불러오는
공간을 만들어봅시다

집을 보면 집주인이 보입니다. 집이 얼마나 큰지, 얼마나 오래 되었는지 같은 표면적인 정보를 떠나서, 집을 얼마나 소중히 대하고 다루고 있는가를 보면 일이나 연애, 인간관계 등 인생의 여러 문제를 대하고 다루는 법도 알 수 있습니다.

저는 풍수 컨설턴트로서 수많은 집과 회사를 감정해왔습니다. 그때마다 드는 생각은, 인생이 마음대로 안 풀리거나 인간관계가 안 좋은 사람, 다툼이 끊이지 않는 등 트러블이 많은 사람은 집도 문제점으로 가득하다는 것입니다.

현관은 어둡고 바닥에는 신발이 가득하며 안 좋은 냄새가 나고, 거실은 어둡고 습기가 차 있다면 그 가정은 원만할 수 없습니다. 이런 집에서 살다 보면 가족 구성원들이 의기소침해지거나 쉽게 짜증을 내며 싸우게 되기도 하고, 모여서 이야기할 기회가 없어져, 그 결과 가족이 흩어지는 경우도 생기기 때문이죠.

부모자식 간 대화를 늘리고 싶은데, 현관에 들어서자마자 계단이 있어서 아이 방은 2층으로 곧장 연결되고, 거실이나 부모의 방은 1층에 있는 집은 어떨까요? 아이가 집에 돌아왔을 때 부모와 얼굴을 마주치지 않는 구조이기 때문에 필연적으로 소통이 줄어듭니다. 환경이 가족 간의 대화를 막는 거죠. 현관에서 각자의 방으로 가려면 거실을 지나도록 해야 가족 구성원끼리 서로 마주치기 쉽고 소통이 많아집니다.

동선이나 방 배치 외에 공간을 이루는 재료의 질감 또한 큰 영향을 끼칩니다. 편안해야 할 공간인 거실이나 다이닝룸의 바닥이 차가운 대리석이라면, 카펫이라도 깔아두지 않는 한 가족들은 그곳에 모이고 싶어 하지 않을 것입니다.

또 구석구석 청소가 되지 않아 늘 쓰레기나 먼지 같은 것을 밟게 되는 집에 사는 사람은 무의식적으로 항상 불안하고 경계심을 갖게 됩니다. 이러한 공간 역시 아무도 들어오고 싶지 않겠죠.

다음으로 색감에 대해 이야기해볼까요? 푸른 색조의 방은 사람을 냉정하게 만들고, 붉은 색조의 방은 흥분하게 만든다는 사실은 이미 잘 알려져 있습니다. 장례식장에 검은색을 많이 사용하고, 입학식 등 축하할 만한 자리에 붉은 계열의 색을 많이 사용하는 이유가 바로 여기에 있습니다.

만약 장례식과 결혼식에서 사용하는 색을 반대로 사용한다면 머리가 혼란스럽고 기분이 어지러워질 것입니다. 혼란스러운 상태를 늘 보게 되면 기분뿐만 아니라 사고도 혼란해져서, 일의 우선순위를 정하거나 감정을 컨트롤하기가 점점 힘들어집니다.

또한 공간 그 자체도 감정에 영향을 주는 자극 중 하나입니다. 예를 들어, 현관에서부터 좁고 긴 복도가 이어지는 집에서는 양쪽 벽으로부터 매일 위압감을 느끼게 되어 겁이 많아지기 쉽다고 합니다. 책장 위에 책이나 종이박스가 쌓여 있는 상태처럼 불안정한 상태가 시야에 들어오는 환경도 마음을 불안정하게 합니다.

예를 들자면 끝이 없을 만큼 환경은 우리의 생각과 감정 상태를 좌우합니다. 그리고 환경과 사람은 서로 공명하기 때문에 거기에 사는 사람, 또는 일하는 사람이 원하는 결과나 이루려는 목적에 맞는 환경을 만드는 것이 아주 중요합니다.

스스로 만든 환경에서
스트레스를 받고 있나요?

지금까지 집의 이미지를 좋게 만드는 것이 감정을 정리하는 데 있어 매우 중요하다는 사실을 이야기했습니다. 그런데 우리는 종종 좋지 않은 환경을 스스로 만들곤 합니다.

예를 들어, 처음에는 누구나 자기 방의 인테리어나 직장의 책상 주변을 의식적으로 신경 쓰고 정리합니다. 그러나 그 상태를 유지하기가 쉽지 않지요. 시간이 갈수록 자기도 모르게 물건들을 아무 데나 놓아두기 시작합니다. 그리고 정신을 차려보면 공간은 어질러져 있습니다.

무의식중에 했다고는 해도 자신이 그런 환경을 만들어놓고 스스로 스트레스를 받는 것입니다. '나는 대체 뭐하는 걸까', '왜 나는 늘 어지르기만 할까' 하고 자책하며, 혼란스러워지는 사람도 낳을 것입니다.

그중에는 물건이 많고 어수선한 상태일 때 마음이 더 편하다고 합리화하며 아예 청소를 포기하고 계속 어지르기만 하는 사람도 있을지 모릅니다. 그러나 아무리 그렇게 생각해도, 어수선한 환경에서 오는 부정적인 영향을 피할 수는 없습니다. 설령 어질러진 방이 편하다고 생각하더라도 무의식에는 사실 마이너스만 될 뿐입니다.

환경적응력은 어쩌면
단점일지도 모릅니다

사람이 환경에 맞추는 것이 아니라, 꿈이나 목표를 실현하기 위해 환경을 사람에 맞게 바꾸어서 활용해야 합니다. 그러므로 거주자의 생활동선을 방해하거나, 어지럽히는 물건은 치워야 합니다. 그렇지 않으면 사람이 환경에 맞추어 부자연스럽게 움직이게 되기 때문입니다.

하지만 사람은 적응하는 동물이기 때문에 어수선한 환경에서도 적응력을 발휘합니다. 물건이 많고 어질러진 상태가 더 편하다고 생각하는 사람도 환경적응력 때문에 이런 생각을 하는 것입니다. 무의식의 영역에서는 부정적인 자극 때문에 매일 스트레스를 받으니까요.

당연히 몸과 마음의 여유가 부족해져 예민해지며, 감정이나 생각을 조절하기 어려워집니다. 몸 상태도 나빠지기 쉽습니다. 컴퓨터로 설명하자면 아까운 메모리를 불필요한 곳에 써서 성능이 떨어지는 상태와 같습니다. 환경을 정돈하면 굳이 환경적응력을 발휘하지 않아도 되므로 몸과 마음에 스트레스가 없는 상태를 유지할 수 있습니다.

집에서는 완전히 이완되고, 심신의 피로가 풀리는 상태를, 회사에서는 일에 집중할 수 있고, 효율적으로 일할 수 있는 상태를 만들어야 합니다. 평상시에 이러한 상태를 유지할 수 있도록 자신이 머무는 공간을 최적의 상태로 정돈하는 것이 중요합니다.

집을 대충 대하는 것은
자신을 아끼지 않는다는 증거입니다

환경을 잘 가꾸는 일은 곧 자신을 아끼는 일입니다. 자기긍정 감을 높이고 감정을 정리하는 출발점입니다. 이와는 반대로, 어질러진 방이 오히려 편안하다거나, 워낙 바빠 집에서는 잠만 자니까 아무래도 상관없다거나, 어차피 다시 어질러질 테니 그대로 두겠다고 생각하는 태도는 자신을 아끼지 않는다는 증거 입니다. 자기 자신에 대한 예의가 아니죠. "어차피 집에서는 잠만 자는데"라는 말은 "나는 이 정도밖에 안 되는 인간이다"라는 말과 같습니다. 자신이 머무는 공간에 대한 존중은 자기 자신에 대한 존중으로 이어지기 때문입니다. 어질러져 있어도, 소홀히 대해도 상관없는 공간이란 생활을 영위하는 '집'이라기보다는 단순한 '둥지'나 다를 바 없습니다.

자신을 존중하고 싶다면 공간이 목적에 걸맞게 기능하도록 노력해야 합니다. 예를 들어, 자는 공간과 식사 공간이 나눠져 있지 않은 원룸에 살고 있더라도 밥을 먹을 때는 이불을 개고 상을 꺼내야 합니다. 자리를 구분하지 않고 침대 위에서 밥을 먹는 행위는 좋지 않습니다.

왜냐하면, 자리를 준비한다는 것은 곧 마음을 준비하는 것과 같기 때문입니다. 식사를 할 때 식사 외에 다른 행동을 연상시키는 것이 눈앞에 놓여 있으면 마음속에 잡음이 생깁니다. 식탁 위에서 책이나 편지 등 잡다한 물건은 치우세요. 자리를 정리하면 마음도 정돈됩니다. 행동을 시작하기 전에 그 행동에 걸맞은 자리를 마련하는 습관을 들이면 생각과 기분이 더 잘 정리됩니다.

내가 좋아하는 것이
즐거운 공간을 만드는 비결입니다

집이 즐거운 이미지를 가지는 것이 얼마나 중요한지 앞에서 이야기했습니다. 그렇다면 즐거운 이미지는 어떻게 만드는 걸까요? 간단하게는 자기가 좋아하는 물건, 보고 있으면 기분이 좋아지는 물건을 두는 방법이 있습니다. 좋아하는 그림이나 사진, 인테리어 소품 등은 즐거운 마음을 만듭니다.

또 집을 장식할 물건을 고를 때에는 꼭 자신의 취향을 따라야 합니다. 당연한 말이라고 생각할 수도 있겠지만, 여러 집을 돌아본 결과 이것조차 제대로 실천하지 못하는 사람이 많다는 것을 알게 되었습니다.

이런 인테리어가 유행이니까, 이게 멋있다고 하니까, 유명인이 가지고 있으니까, 유명한 브랜드니까, 하면서 남의 시선을 기준으로 물건을 선택하는 경우가 상당히 많습니다. 다른 사람의 기준으로 고른 물건이라도 바라볼 때 기분이 좋고 설렌다면 문제없지만, 그게 아니라면 다시 생각해봐야 합니다.

지금까지 풍수 감정을 위해 방문했던 집들 중에 거북이 등껍질 박제를 장식해놓은 집이 많았습니다. 그걸 왜 집 안에 두었는지 물어보면 대부분 돈이 잘 모인다고 하길래 사다 놓았다고 대답합니다. 그래서 정말로 돈이 모였는지, 그 박제를 보고 정말로 돈이 모일 것 같은 느낌을 받는지 물으면 하나같이 고개를 가로젓습니다.

용도를 알 수 없는 죽통을 집 안에 두는 사람도 있었습니다. 중국 풍수가가 추천했고 놓을 곳까지 지정해주었다는데, 그 장소가 생활동선을 방해하는 위치라 자주 발에 걸려 넘어져 불편하다고 했습니다.

여기서 또 한 가지 중요한 것이 있습니다. 어떤 경우라도 물건은 절대 생활동선을 방해하는 곳에 배치하면 안 됩니다. 그런 물건을 둔 이후로 실제로 돈이 모였다면 발에 걸리더라도 참을 수 있겠지만, 그런 게 아니라면 망설임 없이 거북이 등껍질도 죽통도 없애야 한다고 조언했습니다.

집에 둘 물건을 선택할 때는 가장 먼저 집에 즐거운 이미지를 줄 수 있는가 없는가, 그것이 있어서 정말로 기분이 즐거워지는 가를 기준으로 삼으세요. 누군가가 추천한 거북이 등껍질이나 죽통보다는 자신이 좋아하는 꽃을 한 송이 꽂아두는 것이 집을 긍정적이고 즐거운 이미지로 만드는 데 도움이 됩니다. 다음 장 부터는 정돈의 첫걸음인 '버리기'에 대해서 알아보겠습니다.

감정을 정리하는 첫걸음,
버리기의 모든 것

우리는
왜 버리지 못하는 걸까요?

집이나 직장에서 가져야 할 기본적인 마음가짐은 '어둡고, 냄새 나고, 더러운' 상태를 벗어나 '정리되고, 정돈되고, 청결한' 상태를 만들려고 하는 마음입니다. 그러기 위해서는 먼저 불필요한 물건을 버려야 합니다. 왜냐하면 마음이 정리되지 않는 원인의 대부분은 필요 없는 물건, 즉 내 무의식을 자극하는 불필요한 정보가 너무 많기 때문입니다. 불필요한 정보가 많으면 머릿속은 혼란해지고 정리되지 않습니다. 그렇게 되면 감정도 혼란스러워집니다.

또 가장 중요한 것은 바닥에 물건을 방치하지 않는 것입니다. 무언가에 걸려서 넘어질지도 모른다는 위험정보가 사람에게 스트레스를 주기 때문입니다. 그러나 실내가 불필요한 물건으로 넘치는 환경에서는 바닥에 물건을 두지 않기가 어렵습니다.

그러므로 이 책에서는 정돈의 첫 단계인 물건 버리는 법에 관해 자세히 설명하려고 합니다. 그 전에 스트레스를 받으면서도 대체 왜 쓸데없는 물건을 버리지 못하는지, 그 심리에 대해서 먼저 알아보겠습니다.

물건이 많고 어지러우면 자신의 공간이 물리적으로 압박당하기 때문에 불쾌해질 수밖에 없습니다. 1장에서 이야기한 것처럼 무의식에도 작용해 큰 스트레스가 됩니다. 물건을 줄여야 한다는 건 대부분 알고 있지만, 그럼에도 여전히 못 버리겠다는 사람이 많을 겁니다. 그렇다면 이렇게 버리지 못하는 심리가 어디에서 오는지 살펴보겠습니다.

버리지 못하는
자신을 인정합니다

물건을 버리지 못하는 이유는 버린다는 결정을 자꾸 미루고 있기 때문입니다.

"원래 결단력이 부족하다는 건 알지만, 막상 버리려고 하면 자꾸 망설여져요."

이런 분들이 정말 많습니다. 코를 푼 휴지는 누구나 망설임 없이 버리는 것을 보면, 불필요한 물건을 버리는 능력은 누구나 가지고 있습니다. 결국 '버리지 못하는' 것이 아니라 '버리지 않겠다고 결심한' 것입니다. 이것을 깨닫지 못하면 계속해서 버리지 못합니다.

그렇다면 버리지 않겠다는 결심은 어디에서 오는 것일까요? 바로 버린다는 것에 대한 두려움에서 옵니다. 더 자세히 말하면 버렸던 '과거', 그리고 버린 후에 찾아올 '미래'에 대한 두려움 때문에 아래와 같은 매커니즘을 보입니다. 당장 물건을 버려서 느끼는 시원함보다 두려움이 더 큰 것이지요.

저번에 괜히 버렸던 게 아닐까 ⇨ 과거에 대한 두려움
버린 다음에 쓸 데가 생길지도 몰라 ⇨ 미래에 대한 두려움
버렸다고 후회하기는 싫은데… ⇨ 못 버리겠다!

이러한 두려움 때문에 우리는 버리지 않기로 선택하면서 일시적인 안정을 얻습니다. 버리지 않으면 내킬 때마다 꺼내 보거나 쓸 수 있고, 그 물건을 필요로 하는 사람이 있다면 빌려줄 수도 있으니까요. 버리지 않는 것이 꼭 나쁜 일은 아닙니다.

사람들은 흔히 버리지 못하는 자신을 탓하고 비난합니다. 그런 자신을 부정하지 말고 인정해보세요. 자신의 결정을 무조건 긍정하는 겁니다. '버리지 않겠다고 결정한 나는 대단하다!'라고요.

우스워 보이지만 무슨 일을 하든 자신의 선택을 긍정하지 않으면 앞으로 나아갈 힘을 잃어버립니다. 자신의 기분을 무시한 채 겨우겨우 버려봤자 나중에는 후회하며 버린다는 선택을 한

자신을 부정하게 됩니다. 결국 '역시 버리지 말아야 했어', '버리면 후회할 뿐이야'라고 생각하며 버리지 못하는 상태로 되돌아갈 뿐입니다.

신기하게도 버리지 않는 자신을 긍정하고 받아들이고 나면 '어? 그런데 왜 나는 버리지 않지?'라는 의문이 생깁니다. 물건에 심리적으로 지배당해 버리지 못하겠다고 생각하던 상태에서 벗어나 '내가 물건을 버리지 않고 있다'라는 주체적 사고를 하게 되면서 생길 수 있는 의문입니다. 그 단계를 거치면 비로소 '내가 물건을 버린다'는 선택지를 자연스럽게 떠올려볼 수 있습니다.

정돈의 첫걸음은 버리지 않았다고 안심하기보다 버렸을 때의 시원함이 더 클지도 모른다고 생각하는 것입니다. 이런 생각이 들었다면 물건에 대한 집착에서 자유로워지고, 스트레스 없이 버릴 마음의 준비가 되었다는 뜻입니다.

물건에 지배당하는 '버리지 못하는 나'

스스로 결정을 내리는 '버릴 수 있는 나'

어떻게 버려야
인생에 도움이 될까요?

물건을 버릴 마음의 준비가 되었다면, 이번에는 어떻게 버리는 것이 좋을지 이야기해보겠습니다.

무엇을 버리고 무엇을 남겨놓을지는 어떻게 결정하면 좋을까요? 아마 이 대목에서부터 좌절하는 분들이 많을 것 같습니다. 도대체 뭘 버려야 할지 모르겠다면서요. 하지만 생각보다 아주 간단합니다. 판단 기준은 단 하나, '지금 나에게 필요한가, 필요 없는가?' 입니다.

물건을 버릴지 말지 판단할 때 '이건 아직 쓸 수 있을 것 같으니 놔두자'라는 사고방식은 추천하지 않습니다. 쓸모가 있는가 없는가를 기준으로 정리를 하면, 실상 거의 모든 물건은 쓸모가 있기 때문에 물건이 전혀 줄어들지 않습니다.

극단적으로 말하면 학생 시절에 입던 교복이나 아주 오래 전에 샀던 유행 지난 옷도 여전히 입을 수는 있지요. 하지만 중요한 것은 지금 내게 필요한지 아닌지 입니다. 의식을 오직 현재에만 집중해서 판단하면 물건에 대한 가치관이 완전히 바뀝니다.

지금 이 순간을 소중히 하기 위해서, 지금 내가 쾌적하다고 느끼는 집을 만들고, 지금 기분 좋아지기 위해서 버릴 것, 남길 것을 선택해보세요. 언젠가 쓸 데가 있을지도 모른다는 생각은 확실하지도 않은 미래 때문에 온갖 불필요한 물건들로 집을 채워 '지금'을 희생시킬 수도 있습니다.

지금 행복해지는 것을 기준으로 삼아야 합니다. 지금 당장 나를 행복하게 하는 것만 남기겠다는 마음을 가지고, 버릴 물건과 버리지 않을 물건을 구분해보세요.

이제 추억 어린 물건과
이별할 때입니다

오래 사용해서 애착이 가는 피아노나, 어릴 때부터 사용하던 책상, 이제는 가족처럼 생각되는 인형 등 소중한 물건을 처분할 때는 누구나 망설이게 됩니다. 그것은 집착이 아니라, 추억이 깃든 물건에 대한 당연하고도 인간적인 감정입니다.

그런 물건을 버릴 때에는 마치 송별회 하듯 자신만의 이별 의식을 치르는 것도 하나의 방법입니다. 물건에도 생명이 깃들고, 마음이 있다고 생각해보면 이별 의식은 오랫동안 함께해온 물건에게 갖추는 예라고 할 수 있지요.

운이란 것은 곧 인연에서 옵니다. 소중한 물건과의 시작과 끝을 소중히 여기는 사람은 다른 관계나 인생을 대하는 자세도 마찬가지이고, 그런 자세로 인생을 살아가니 당연히 운도 소중한 피아노에게.

너와 만난 건 초등학교 때였지.

네가 처음 집에 왔을 때 얼마나 기뻤는지 지금도 기억해.

아쉽게도 널 떠나보내야 하지만, 앞으로도 잊지 않을게.

정말 고마워.

○○○○년 ○월 ○일 ○○○로부터

좋아집니다.

이런 식으로 감사 편지를 써도 좋고, 마지막으로 사진을 찍어도 좋습니다. 편지나 사진은 보관해도 좋고, 물건을 버릴 때 같이 버려도 상관없습니다.

정리는 서두르지 말고
부담은 버립니다

대부분 어릴 때부터 부모님이나 선생님에게 '빨리 치워!'라는 잔소리를 듣습니다. 그래서 정리를 시작하면 빨리 끝마쳐야 한다고 생각하는 사람들이 많습니다.

하지만 정리를 꼭 서둘러 끝낼 필요는 없습니다. 사람마다 각자 삶의 페이스, 속도가 다릅니다. 정리하는 페이스도 사람마다 모두 다르므로 천천히 정리하고 싶은 사람은 그렇게 하면 됩니다. 꾸준히 시간을 들여 정리하면 그 공간도, 자신의 감정도 충분히 돌아볼 수 있기 때문에 불필요한 물건이 도로 늘어날 확률이 줄어듭니다.

정리를 시작할 때는 범위나 시간을 부담 없는 선에서 정하는 것이 좋습니다. 오늘은 옷장만 정리하겠다거나 15분 동안만 정리하겠다는 식으로요.

처음부터 완벽하게 정리하려 하면 시작할 결심을 하기 힘들어집니다. 일단 시작하는 것이 중요하니 강박을 버리고 가벼운 마음으로 정리해보세요.

범위를 정해서
전부 버립니다

정리와 정돈에 대해 알아봅시다. 정리와 정돈은 보통 혼용되고 있지만 사실 다른 의미를 가지고 있습니다. 청소의 첫 단계가 정리, 두 번째 단계가 정돈입니다.

1단계 : 정리
불필요한 물건과 필요한 물건을 구별하여, 불필요한 물건은 버리고 필요한 것만 남긴다
2단계 : 정돈
필요한 물건을 깔끔하고 쓰기 좋게 배치한다

예를 들어, 서랍을 정리한다면 일단 서랍 속에 있는 물건을

밖으로 전부 다 꺼내는 것이 포인트입니다. 많은 사람들이 서랍을 열어 안에 든 물건들을 확인하면서 필요 없는 물건을 발견하면 꺼내서 버리고, 그다음에 남은 물건을 재배치하는 방식으로 정리하고 있을 거라 생각합니다.

그러나 이렇게 정리하면 정리 전과 후의 차이가 크게 눈에 띄지 않아 정리정돈이 된 것인지, 안 된 것인지 애매하게 느껴질 가능성이 높습니다.

보기에도 시원하고 기분도 후련해지는 서랍 정리 요령은, 주저 없이 서랍 속에 있는 것을 일단 다 꺼내는 것입니다. 서랍이 완전히 비어서 아무것도 없는 상태를 눈으로 확인해보세요. 무질서하고 어수선한 공간을 깔끔한 공간으로 리셋하면, 정리하는 것도 더 쉬워지고 정리 후의 이미지를 떠올리기 쉽습니다.

옷장, 서랍 외에 워크인 클로짓, 사무실 책상, 창고 등을 정리할 때도 마찬가지입니다. 속에 있는 물건을 일단 전부 비우고 시작하면 필요한 물건과 필요하지 않은 물건을 구분하기도 쉽고 더욱 깔끔하게 정리할 수 있습니다.

다음으로 중요한 절차는 물건마다 둘 곳을 정해서 늘 그 자리에 놓는 것입니다. 방이 어질러지는 가장 큰 이유는 물건을 원래 있던 자리에 놓지 않고 아무 데나 두기 때문이므로, 각각의 물건에 늘 있어야 할 자리인 '주소'를 포스트잇이나 이름표 등으로 써두면 효과적입니다.

감정도 인생도 원만해지는
집으로 만드는 법

집은 당신의 생활을 담는
공간입니다

3장에서는 두 번째 단계인 집 정리법을 소개하겠습니다. 먼저 집에 대한 풍수의 관점부터 알아볼까요? 풍수에서는 앞 장에서 언급한 추억의 물건과 마찬가지로 건물을 살아 있는 생명체라고 생각합니다.

예전에는 건물을 짓기 전 땅을 달래기 위해 지진제(地鎭祭)를 거행하고, 건물이 완성되면 사람이 살기 전에 건물에 혼을 부여하는 의미로 준공식을 시행했습니다. 즉, 건물을 혼이 깃든 생명체로 대했던 거죠. 건물을 철거할 때에도 마치 장례식을 하듯 해체공양이라는 의식을 치렀습니다.

물론 요즘은 준공식도 해체공양도 잘 치르지 않습니다. 그러나 집은 우리가 생활하며 몸담는 공간인 만큼, '혼을 지닌 생명체'라는 관점으로 마치 생명체를 다루듯 좀 더 소중하게 다루어야 하지 않을까요?

긴 시간을 보내는 만큼 집은 거주자의 감정과 깊이 연결되어 있습니다. 거주자에게 불행한 일이 있으면 집도 분위기가 축 처지고, 반대로 좋은 일이 있으면 분위기가 밝아지죠. 이는 외부인의 눈에도 보일 정도라 가끔은 신기하기도 합니다. 이렇게 거주자의 감정은 집이라는 공간에 깃들게 됩니다. 집이나 직장처럼 많은 시간을 보내는 공간에는 반드시 나 자신이 담겨 있는 것이죠. 그 공간이 곧 나 자신의 일부라고 할 수 있고, 그러므로 1장에서 말했듯 집이나 직장의 환경을 정성스럽게 다루는 것이 곧 자신을 아끼는 일이 됩니다.

집은 휴식 공간이자 돌아오고 싶은 장소, 직장은 일을 하는 공간이자 집중해야 하는 장소입니다. 이 두 공간에서 우리는 내일도 모레도, 그 이후에도 계속 몸담고 언제나 일상을 보내게 될 테니, 나와 가까운 사람을 대하듯 마음을 다해 돌봐야 합니다.

마음을 다해 자신이 지내는 공간을 정성스럽게 돌보면 미래의 자신에게도 좋은 흐름이 오게 될 것이란 생각을 해보세요. 마치 사람을 대하듯 감사와 존경의 마음을 담아 내가 오래 머무는 공간을 청소하고 정돈해봅시다. 반대로 집을 보살피지 않고 어지르고, 어질러진 채로 그냥 두는 것은 자신을 홀대하면서 가능성을 막는 것이나 마찬가지입니다.

늘 고맙다는 감정을 가지고 집을 청소하고 정리해보세요. 집이라는 공간과 심적으로 더욱 가까워질 수 있습니다. 이사를 할 때는 깨끗이 청소를 하고, 마치 친구와 작별인사를 하듯 마음속으로 감사 인사를 전하는 것도 좋겠죠. 집은 오랜 시간 내가 몸담아온 공간이자, 내 모든 것이 깃들었던 공간이니까요.

환기는 활력 있는 생활을
불러옵니다

만약 매일 창문을 닫아두고 탁한 공기 속에서 생활한다면 어떻게 될까요? 컨디션이나 기분이 나빠지고, 집 분위기도 나빠지며 효율적으로 일하기 힘들어지지 않을까요? 병이나 각종 트러블, 불운은 부자연스럽고 불쾌한 공간에서 생깁니다.

풍수에서는 기의 흐름이 좋은 상태를 '운이 좋다'라고 표현하고, 기가 정체된 상태를 '운이 나쁘다'라고 표현합니다. 그러므로 환기하는 습관을 들이면 기의 흐름이 좋아져 활력을 돋우는 데 많은 도움이 됩니다. 특히 아침 7시에서 9시를 추천합니다. 이 시간에 환기를 하면 밤 사이 머물던 음기와 아침의 양기가 자연스럽게 교체되어 공간이 활성화됩니다.

음기는 진정되고 차분한 에너지를, 양기는 활력 있고 활성화된 에너지를 의미합니다. 휴식과 수면의 시간인 밤에는 진정되고 차분한 분위기가 필요하므로 창문을 닫고 방을 어둡게 합니다. 반대로 아침이나 낮에는 활력 있고 활성화된 분위기가 필요하므로 창문을 열고 빛과 바람을 흐르게 해서 좋은 기운을 불러들이는 것입니다. 아침 7시에서 9시까지 2시간 동안 계속 창문을 열어둘 필요는 없습니다. 완전히 환기가 되었다고 느껴지면 창문을 닫아도 좋습니다.

오렌지색 백열등으로
편안한 분위기를 만듭니다

편안해야 할 공간인 집에서는 오렌지색 계통의 백열등을 조명으로 쓰는 것이 좋습니다. 따뜻한 색조는 포근함과 활력을 가져다주고, 자연광에 가깝기 때문에 공간에 생기를 불어넣어줍니다. 호텔 같이 편안한 분위기를 주는 공간에서 사용되는 조명은 대부분 백열등이지요.

　반면 창고나 공장 등 많은 작업이 이루어지는 장소에는 밝은 빛이 필요하므로 조도가 높은 형광등이 어울립니다. 그러나 형광등은 전자파가 강하기 때문에 장시간 머리에 형광등 빛을 쬐면 큰 스트레스를 받을 수 있습니다. 그러므로 몸과 마음을 편안히 쉬어야 하는 집에서는 형광등을 사용하는 것이 어울리지 않습니다. 또 형광등의 희고 창백한 색채가 청량감을 주기는 하지만, 흰색은 그 비율이 높아질수록 걱정이나 슬픔, 분노 등을 환기시킵니다. 또 흰색은 반사하는 성질이 있기 때문에 차분해지기 어렵고 릴랙스하기 힘들다는 점도 편안해야 할 공간에서는 단점으로 작용합니다.

만약 집 조명으로 형광등을 사용하고 있다면 백열등으로 바꿔보세요. 조명이 오렌지색으로 바뀌기만 해도 분위기가 따뜻하고 편안해집니다. 따뜻한 색채를 띠는 조명은 공간을 원만하게 흘러가도록 하는 기운으로 바꿔주는 효과가 있습니다. 그러면 가족관계나 금전운이 좋아지고 인맥을 불러들일 수 있습니다. 형광등을 계속 사용하더라도 따뜻한 오렌지색을 내는 것으로 바꾸면 좀 더 낫습니다. LED나 할로겐 램프 중에도 오렌지색이 있으니 참고하세요.

백열등, 혹은 따뜻한 색의 전구로 바꾸는 간단한 방법이므로 시도해보세요. 만약 주변이 조금 어둡게 느껴진다면 부분적으로 스탠드를 함께 사용하면 좋습니다.

청소 도구를
깨끗이 해둡니다

2장에서 처음부터 설명했듯 풍수를 실천하기 위해서는 어둡고, 냄새 나고, 더러운 상태를 피해 정리되고, 정돈되고, 청결한 상태를 만들려고 노력해야 합니다. 그러나 청소를 할 때 쓰레기가 가득 찬 청소기나 더러워진 걸레로 청소를 하면 역효과만 나겠지요. 공간을 정돈하기는커녕 오히려 더러움을 확산시키게 됩니다.

공간은 깨끗한 청소 도구로 청소해야만 잘 정돈되고, 좋은 기운이 순환하기 시작합니다. 청소 전이나 후에는 청소기의 먼지통을 비우고, 걸레는 잘 빨아 말리는 등 청소 도구를 깨끗이 하는 습관을 들입시다.

그렇다고 집 청소를 할 때마다 청소 도구를 꼭 청소할 필요는 없습니다. 청소기 먼지통 속에 미세한 먼지나 쓰레기가 뭉쳐 덩어리진 것이 보이면 비우고, 걸레는 빨아도 때가 잘 지지 않을 때쯤 새 것으로 갈면 됩니다. 걸레를 빨기 귀찮다면 일회용 청소포를 사용하는 방법도 있습니다.

청소 도구의 청소도 습관이 될 때까지 계속해보세요. 좋은 새 습관은 자의식을 고취시키며 인생의 흐름을 바꿔줍니다. 새로운 행동을 한두 번 한다고 해서 인생이 바뀌지는 않습니다. 몸에 완전히 배어서 습관이 될 때까지 계속해야 비로소 인생도 흐름이 조금씩 바뀝니다. 좋은 습관을 만드는 것은 곧 운을 붙잡는 것과 같습니다.

관엽식물로
집을 생기 있게 만듭니다

여러분의 집 안에는 관엽식물이 있나요? 집의 분위기를 생기 있고 활력 있게 만들고 싶다면, 환경을 정화하는 작용이 뛰어난 관엽식물을 집에 두는 것을 추천합니다.

관엽식물은 기분을 진정시켜주는 효과가 있어, 특히 휴식 공간인 거실에 잘 어울립니다. 관엽식물을 고를 때에는 줄기가 충분히 굵고 위로 곧게 뻗은 것이 좋습니다. 또 잎사귀가 크고 형태가 확실한 것이 좋습니다.

이런 형태의 관엽식물은 발전이나 상승을 연상시키며 보는 사람의 무의식에 영향을 줍니다. 가능하다면 화분의 디자인이나 소재도 질이 좋은 것으로 고르면 좋겠죠. 하지만 정글처럼 울창해지면 오히려 기의 흐름을 방해해 좋지 않은 영향을 줄 수 있으니, 식물이 차지하는 공간은 방의 10%를 넘지 않게 해 주세요.

추천 관엽식물

아레카 야자, 파키라, 몬스테라, 행운목, 드라세나 레플렉사 (송 오브 자메이카), 큰극락조화(스트렐리치아 아우구스타), 유카, 산세비에리아

비추천 관엽식물

· 덩굴식물, 아래쪽으로 기듯이 자라는 식물 : 스킨답서스 등
· 잎이 자꾸 떨어지는 식물 : 벤자민 등. 관리를 잘한다면 괜찮다.
· 가시가 있는 식물 : 선인장 등. 가시는 긴장감을 높인다.
· 드라이플라워 : 취미활동을 하는 방에서는 문제없으나, 시든 느낌을 주어 가족이 편안히 쉬어야 하는 거실에는 맞지 않는다. 프리저브드 플라워는 괜찮다.

추천 배치 장소

· 눈에 띄는 곳. 움직이는 데 방해가 되지 않는다면 어디라도

좋다.

- 큰 화분을 놓을 때에는 기가 정체되기 쉬운 방 모퉁이가 적합하다.
- 중간 크기나 작은 화분은 각 방의 창가나 선반 등에 둔다. 관엽식물이 발산하는 유기질에서 나오는 긍정적인 에너지는 전자제품이 발산하는 무기질에서 나오는 부정적인 에너지를 중화시키므로 전자제품 가까이에 두면 좋다.

비추천 배치 장소

- 부엌, 식탁 위, 침실.
- 흙 속에는 미생물이나 박테리아가 존재하므로 음식을 다루는 곳에 두면 위생상 좋지 않다. 꼭 놓고 싶을 경우 흙을 쓰지 않고 수경재배한다.
- 식물은 밤에 산소를 마시고 이산화탄소를 배출하므로 침실에 두면 수면 중에 호흡이 방해된다. 꼭 두고 싶다면 잎이 큼직한 것은 피한다.

집 분위기를 확 바꾸는
그림을 고릅니다

집이나 직장에서 큰 그림이나 사진을 벽에 걸어보세요. 특히 풍경화를 추천합니다. 풍경화는 밝고 탁 트인 이미지를 연상시키기 때문입니다. 추상화를 걸고 싶다면 밝은 이미지가 떠오르는 그림이 좋습니다.

밝은 이미지란 해방감, 발전성, 따뜻함, 다정함을 연상시키는 이미지입니다. 이러한 이미지가 긍정적인 감정을 발생시키고, 긍정적인 감정은 환경에 긍정적인 에너지를 부여합니다. 기분 좋은 것, 편안한 것으로 자기 주위를 둘러쌀수록 좋은 에너지를 더 많이 발생시킬 수 있습니다. 반대로 차가움, 슬픔, 공포, 위화감 등 어두운 이미지를 연상시키는 그림은 부정적인 기운을 발생시킵니다.

예전에 상담을 했던 한 고객의 집에 나선이 그려진 흑백의 추상화가 걸려 있었습니다. 고객은 그림을 처음 봤을 때 느낌이 조금 안 좋았다고 합니다. 그 후 살림이 어려워지고 일이 잘 안 풀리게 되었고, 그것이 그 그림을 건 후부터였다는 것을 깨닫고 바로 치웠다고 합니다. 그 후 살림은 원래대로 돌아왔습니다. 고작 그림 하나에 그렇게 큰 힘이 있을까 싶겠지만, 부정적인 느낌이 매일, 끊임없이 그곳에 사는 사람들의 무의식에 작용한다면 스트레스가 쌓일 수밖에 없습니다.

이렇듯 첫눈에 느끼는 위화감은 본능적으로 스트레스 요인을 아주 정확히 포착한 결과입니다. 이것은 처음에만 느낄 수 있는 감각으로, 중요하고 섬세한 경고음 역할을 합니다. 이 위화감에 대응하는 방식에 따라서 운이 크게 좌우됩니다. 무시할 수도 있고, 심각하게 받아들일 수도 있죠.

사람에게는 어떤 환경에든 익숙해지는 환경적응력이 있기 때문에, 처음에 드는 위화감을 무시해버리면 그 후로는 어디가 이상한지 잘 느끼지 못하게 됩니다. 이미 그 환경에 적응해버리기 때문입니다. 그러나 무의식은 계속 스트레스를 받아 생각과 감정을 어지럽힙니다.

위화감을 포착하는 감각에는 개인차가 있으니 집에 사는 가족 모두에게 물어 어떤 느낌이 드는지 확인해보는 것이 좋습니다. 그림이나 사진을 구입하기 전에 "이건 어때?" 하고 가족의 의견을 물어보세요. 좋지도 나쁘지도 않은 반응이라면 괜찮지만, 왠지 무섭다거나 이유 모르게 기분이 나쁘다는 부정적인 반응이 돌아온다면 적어도 공용 공간에는 설치하지 않는 편이 좋습니다.

그리고 인물화는 가족의 반응과 상관없이 무조건 피해야 합니다. 특히 인물의 시선이 그림 바깥쪽을 향한 그림은 마치 사람이 있는 듯한 느낌, 혹은 누군가 지켜보는 듯한 느낌을 주어 긴장하게 만드므로 더욱 피하는 편이 좋습니다. 또한 검이나 총 등이 그려져 있어 싸움이나 전쟁을 연상시키는 그림도 좋지 않습니다.

환경을 활성화시키는 그림 포인트

· 밝고 가벼운 색이나 선명한 터치로 그려진 그림은 기의 흐름을 빠르게 하여 환경을 활성화시킨다.

· 활기, 활력이 필요한 현관이나 거실, 다이닝룸, 아이 방에는 빨간색이나 노란색, 오렌지색 계열 등 난색이 많이 들어간 그림을 건다. 단, 지나치게 활기가 넘치는 경우 진정 작용을

하는 한색 베이스의 그림을 걸어도 괜찮다.

· 연애운을 올리고 싶을 때는 분홍색, 재물운은 노란색, 건강운은 초록색, 성공운은 파란색, 가정운은 빨간색이 메인인 그림을 고른다.

환경을 진정시키는 그림 포인트

· 어둡고 무거운 색이나 완만하고 부드러운 터치로 그려진 그림은 기의 흐름을 느리게 하여 환경을 진정시킨다.

· 릴랙스가 필요한 침실, 화장실, 욕실, 집중해야 하는 공부방이나 서재에 걸 그림은 파란색이나 초록색, 파란빛이 강하게 도는 보라색 등 한색을 베이스로 한다. 단, 기분이 너무 가라앉을 정도로 진정 작용이 강한 그림이라면 난색을 더해서 밸런스를 맞춘다.

· 일이 잘 풀리기를 원하거나 결단력을 높이고 싶다면 파란색, 사업운은 아쿠아블루, 인맥운은 초록색이 메인인 것을 고른다.

· 흑백 그림이나 사진은 피한다. 흑백논리가 주는 느낌과 같이 엄격함이나 긴장감을 불러오기 때문이다. 수행 장소나 도장, 전통 가옥에는 맞지만 현대식 방, 사무실에는 맞지 않는다.

그림을 설치할 때 주의사항

· 벽면에 비해 너무 크거나 많은 그림을 걸면 압박감과 긴장감을 준다. 그림이 벽의 10% 정도만 차지하도록 해야 밸런스가 맞는다.

· 벽면 전부에 그림을 걸면 시각 정보가 과다해져 압박감이 생긴다. 벽의 한 면, 혹은 많아도 두 면까지만 걸도록 한다.

· 그림의 높이는 눈높이에 맞게 거는 것이 좋다. 올려봐야 하는 높이에 걸거나 바닥에 내려 두지 않도록 한다.

· 설치할 때는 바닥과 평행하게 건다. 그림이나 사진이 기울어 있으면 생각과 감정뿐 아니라 가운도 기울 수 있다.

아울러 포스터를 걸 때는 그림이나 사진과 마찬가지로 액자에 넣어 걸기를 권합니다. 벽에 압정이나 테이프로 붙이면 엉성한 인상을 주어 분위기를 해치고, 아름다운 것을 장식했다는 만족감도 그다지 생기지 않습니다. 집 분위기를 바꾸기 위해 장식하는 것인 만큼 액자에 넣어 제대로 장식하는 것이 좋겠습니다.

그림과 사진을 종종 바꾸어
뇌를 자극합니다

요즘은 미니멀리즘 붐 덕분에 집 안의 물건을 줄여 심플하게 살려고 노력하는 사람이 많습니다. 앞서 2장에서도 불필요한 물건을 줄이는 일의 중요성에 대해 말했지만, 너무 휑하거나 삭막한 공간도 좋다고 말할 수 없습니다. 색이나 풍경이 너무나 메마른 공간은 시각적인 영양이 부족하여 우리의 무의식 속에 '쓸쓸하다'는 부정적인 에너지를 낳기 때문입니다.

풍수 카운슬링 일을 하다 보면 종종 흑백이나 회색밖에 없는 무채색의 공간을 만납니다. 색채가 부족한 이런 공간에서는 마음이 경직되기 마련입니다. '흑백논리'라는 말이 있듯이 흑백은 둘로 나뉘어 대립하는 갈등을 떠올리게 할 수 있습니다. 또한 편향된 사고를 하게 하거나, 상상력, 공감력, 유연성을 떨어뜨려 감정과 사고에 좋지 않은 영향을 주기 쉽습니다. 고운 색과 형태와 질감, 무엇보다 자신이 좋아하는 것은 시각을 통해 마음에 귀중한 영양을 공급합니다.

마찬가지로 몇 년 동안 똑같은 공간에서 생활하는 것도 매너리즘을 일으키므로 좋지 않습니다. 제아무리 마음에 드는 그림이나 사진이라도 몇 년이나 계속 걸어두면 눈에 들어오지 않게 됩니다. 그러면 매너리즘이 생기기 쉬우며, 마음이 움직이지 않아 무관심하고 무감동해지기 쉽습니다.

그러니 그림이나 사진은 정기적으로 바꿔 걸어주세요. 사계절에 맞추어, 여름에는 시원한 느낌이 나는 것으로, 겨울에는 따뜻한 느낌이 나는 것으로 바꾸면 좋습니다. 그림이나 사진을 치웠다가 시간을 두고 다시 걸면 같은 것이어도 신선하게 보여서 새로운 감각을 느낄 수 있습니다.

집이라는 공간에도 신선함은 필요합니다. 언제나 똑같은 풍경은 사고와 감정을 지루하게 합니다. 뇌는 안정을 추구하면서도 자극을 찾는 모순이 있으니, 자신이 좋아하는 것을 통해 뇌에 자극을 주세요. 눈뿐만 아니라 코나 귀에도 좋은 자극이 필요합니다. 가끔 꽃을 꽂아두거나 커튼을 바꾸거나, 옛날에 좋아했던 음악을 듣는 등의 일은 뇌를 활성화시켜줍니다.

집은 깔끔히 정리되어 있기만 한다고 좋은 것이 아닙니다. 살기에 즐거운 공간이어야 기의 흐름도 좋아지고, 행운이 찾아옵니다. 물론 육아 등으로 여유가 없을 때에 무리해서 집을 꾸밀 필요는 없습니다. 무리를 하면 부정적인 감정이 생기니까요. 여유가 있을 때, 자신이 좋아하는 것을 즐기며 뇌에 자극을 주도록 합니다.

공간은
건강과 큰 관련이 있습니다

잘 정돈된 공간은 우리 몸에도 활력을 주며, 반대로 흐트러진 공간은 몸을 힘들게 합니다. 풍수에서는 집 안 각각의 공간은 특정 장기와 관련이 깊다고 믿으며, 공간을 어지럽히면 해당하는 장기에도 악영향을 미친다고 생각합니다.

예를 들어, 화장실이 제대로 청소되어 있지 않아 냄새가 나고 더럽다면 사용할 때 기분이 나쁘겠지요. 화장실에 가고 싶지 않아서 무의식적으로 용변을 참게 될 수도 있습니다. 그렇게 되면 신장이나 방광 등 비뇨기가 스트레스를 받습니다. 용변을 참는 게 익숙해서 별 문제가 없다고 생각하는 사람이 있을 수도 있지만 장기는 우리가 모르는 사이 계속해서 스트레스를 받게 되고, 아무리 작은 스트레스라도 하루에 몇 번씩 계속해서 받다 보면 그것이 쌓여 결국 질병으로 발전할 수 있습니다.

또, 식탁 위에 신문이나 우편물, 필기구 따위가 널려 있거나, 조명이 어두워서 음식이 맛있어 보이지 않는다면 어떻게 될까요? 식욕이 떨어져서 위가 나빠질 우려가 있습니다. 어떤 장기의 컨디션이 나쁠 때 그 장기와 관련이 깊은 공간을 정리하고 개선하는 일은 풍수에서는 흔한 일입니다.

각 공간과 관련이 깊은 장기, 신체 부위는 다음과 같습니다.

현관 : 안과 밖의 분기점이므로 세상에 보이는 '얼굴', 집의 방
　　　향성과 관련된 공간이므로 가운을 결정하는 '뇌'
다이닝룸 : 식사를 하는 공간이므로, 음식을 소화하는 '위'
거실, 욕실 : 릴랙스와 해독을 하는 장소인 '간'
부엌 : 생명의 원동력인 음식을 만드는 공간이므로, 생명유지
　　　의 기본인 영양흡수를 하는 '소장'
침실 : 휴식을 취하고 몸의 밸런스를 맞추는 공간이므로, 몸
　　　의 흐름과 리듬을 관장하는 '심장'
화장실 : 배설과 관계된 공간이므로, '신장과 방광'
서재 : 논리적으로 생각하는 공간이므로, 논리적 사고를 관장
　　　하는 '좌뇌'

또한 장소는 아니지만 천장의 높이는 호흡의 깊이와 관련이 있으므로 '폐'와 관련되어 있습니다.

이제부터 각 공간의 구체적인 정돈법을 순서대로 설명하겠습니다. 평소 상태가 안 좋다고 느껴지는 장기가 있었다면 이 책을 따라 그 장기와 관련 있는 공간을 청소하고 정리해보세요. 그렇게만 해도 몸이 나아지고 생기가 도는 걸 실감할 거예요.

좋은 운을 불러들이는
현관 정돈법

현관은 안과 밖의 분기점으로, 세상에 내보이는 '얼굴'입니다. 가정의 운을 좌우하는 장소이기도 하며, 사람의 몸에서 찾자면 뇌에 해당합니다. 시간이 없어도 꼭 정리해야 하는 장소가 어디냐고 물으면 저는 반드시 현관이라고 대답합니다.

현관은 '기가 집 안으로 들어오는 곳'이기도 하므로 현관이 넓고 깔끔하게 치워져 있을수록 기운이 좋아집니다. 또, 현관에 신발이나 우산이 나와 있어 어수선하면 현관과 관련이 깊은 장기인 뇌, 즉 머릿속도 어수선해집니다. 반대로 현관은 조금만 정리해도 청소를 했다는 실감이 아주 크게 들고 머릿속이 상쾌해지는 장소입니다. 운을 불러들이고 뇌의 상태를 좌우하는 중요한 장소인 현관의 정돈 포인트를 소개하겠습니다.

현관 정돈 포인트 1 신발과 우산을 꺼내놓지 않는다

　신발을 가지런히 두라는 말은 어렸을 때부터 많이 들었을 것입니다. 한 단계 더 나아가 신발을 바닥에 두지 말고 모두 신발장에 넣는 것이 가장 좋습니다. 적어도 하루가 끝나는 시간대에는 현관 바닥에 신발이 하나도 없도록 하는 것이 좋습니다.

　현관을 어수선하게 만드는 대표선수인 우산 또한 밖에 꺼내놓지 않습니다. 우산통은 비 오는 날에만 꺼내도록 합니다. 또, 우산은 모르는 사이 점점 많아지는 경향이 있으므로 오래되거나 쓰지 않는 우산은 버리는 습관도 들이면 좋습니다. 그리고 현관 바닥과 현관문은 정기적으로 깨끗하게 닦아주어야 합니다. 신발과 우산이 없는 말끔한 상태라면 청소하기도 더욱 쉽겠지요.

현관 정돈 포인트 2 예쁜 것, 좋은 향기로 연출한다

　현관은 외출할 때는 '나간다'고 마음을 먹고, 돌아올 때는 '다녀왔다'고 편안함을 얻는 장소입니다. 기분이 전환되는 장소라고 할 수 있겠습니다.

　집에 돌아왔을 때 처음으로, 그리고 집을 나설 때는 마지막으로 보게 되는 장소이므로 아름다운 것, 좋아하는 것, 마음이 편

안해지는 것들이 보고 싶어지기 마련입니다.

그러므로 현관에는 자신이 좋아하는 그림이나 꽃을 놓아보세요. 특히 활기 있고 활력 있는 분위기를 만드는 '양기'를 불러들여야 하는 현관에는 밝은 난색 계통의 그림이나 꽃이 제격입니다. 그림은 꽃 그림이나 자연 경관이 그려진 풍경화, 부드러운 색채의 추상화 등이 좋습니다.

그렇다고 그림이나 꽃을 둘 공간이 없는데 일부러 공간을 만들 필요는 없습니다. 좁은 장소에 억지로 물건을 놓으면 발에 채이거나 넘어뜨릴 수 있어 부정적 감정의 원인이 됩니다. 공간이 부족할 때는 크게 자리를 차지하지 않는 디퓨저나 룸스프레이 등을 사용해 좋은 냄새가 나게 하거나, 조명을 분위기 있게 바꾸면 좋습니다. 빛이 잘 들어오지 않는 현관에는 늘 불을 켜두어 너무 어둡지 않게 만들면 기의 흐름이 멈추지 않습니다.

현관 정돈 포인트 3 거울로 넓어 보이게 한다

벽에 거울을 설치하여 실제 공간보다 넓어 보이게 해도 운이 올라갑니다. 거울을 현관 왼쪽에 설치해야 한다느니 오른쪽에 설치해야 한다느니 여러 가지 설이 있지만 실용적이기만 하면 어느 쪽이든 상관없습니다.

단, 현관에 들어왔을 때 정면으로 거울이 보이는 것은 좋지 않습니다. 문 정면에 설치하면 밖에서 들어온 기를 거울이 도로 반사해버리기 때문입니다. 또한 현관문에 거울을 거는 것도 기가 드나드는 것을 방해하므로 피해야 합니다.

거울의 모양은 원만함을 상징하는 원형이나 안정을 상징하는 사각형을 추천합니다. 육각형이나 팔각형도 괜찮습니다. 단, 풍수에서 불을 의미하는 삼각형의 거울을 두면 다툼이나 화재가 일어날 가능성을 높이기 때문에 피하는 편이 낫습니다.

거울 프레임의 소재는 나무가 가장 좋습니다. 모던한 이미지를 연출해주는 금속성 프레임도 큰 문제는 없지만, 차가운 재질 탓에 추운 느낌을 줄 수 있습니다.

추운 곳에는 사람이 잘 모이지 않는다는 단점이 있습니다. 사람이 모이는 곳에 '인기(人氣)'가 생기고, 인기는 돈이 모이는 '재기(財氣)'로 이어지므로, 현관을 춥게 만들면 지갑 역시 횅해질지 모릅니다. 그러므로 역시 거울 프레임은 따뜻함이 느껴지는 나무로 된 것을 추천합니다.

피로와 스트레스를 해소하는
거실 정돈법

거실은 가족이 모여 편히 쉬는 공간, 스트레스를 푸는 공간입니다. 해독 작용을 하는 간이 좋지 않은 사람이 쉽게 성을 내듯이, 거실이 편안하지 않은 집에 사는 사람도 곧잘 짜증을 내는 경향이 있습니다. 다툼이 끊이지 않는 집은 대개 거실이 휴식 공간으로서 기능하지 못하고 있습니다. 간은 해독에 관여하는 중요한 장기입니다. 이상적인 거실은 마치 간처럼 피로와 나쁜 기분을 정화하여 심신을 안정시켜줍니다. 그럼, 이상적인 거실을 만드는 방법을 알아보겠습니다.

거실 정돈 포인트 1 색감과 질감은 '리조트 호텔' 풍으로

거실의 공간을 설계할 때는 리조트 호텔을 모델로 삼으면 좋

습니다. 따뜻한 색감으로 통일된 편안한 공간은 호불호를 크게 타지 않으므로, 불평이 나올 일이 없을 것입니다. 소재 면에서는 목제 가구를 통해 자연 재료의 부드러운 느낌과 산뜻한 느낌을 줄 수 있습니다.

아울러 바닥과 천장의 색을 정할 때는 반드시 천장을 옅은 색으로 해야 밝고 편안한 공간으로 만들 수 있습니다. 천장이 검고 바닥이 상대적으로 흰 공간, 머리 위에 무거운 색이 있는 방은 마치 하늘에 먹구름이 두껍게 깔린 것처럼 숨 막히고 어두침침한 기분을 만들기 때문에 피해야 합니다.

또, 거실을 흑백 톤으로 맞추는 것도 좋지 않습니다. 언뜻 보면 도시적이고 세련되어 보이지만 흑백으로 경계가 나누어진 환경에서는 가족 간의 대화마저 시비를 가리듯이 날카로워질 수 있으며, 이로 인해 긴장감이 생기기 때문입니다. 옅은 난색으로 통일된 공간은 기의 흐름이 가벼워져 활기가 생깁니다. 활기차게 일해야 할 젊은 부부의 집이나 아이가 있는 집은 특히 가볍고 밝은 느낌의 인테리어가 어울립니다.

반대로 안정감이 필요한 연령대가 높은 편인 가정의 경우는 장수와 안정을 의미하는 갈색 계통으로 통일하면 기분이 차분해지며 느긋한 분위기를 만들 수 있습니다.

거실의 주역인 소파는 따뜻함이 느껴지는 색조의 패브릭 소파가 좋습니다. 가죽이나 비닐 소파는 차가운 질감 탓에 몸과 마음도 차가워지기 쉬우므로 피하는 편이 낫습니다. 쿠션은 너무 푹신하면 무기력해질 수 있으니 적당히 푹신한 것이 좋습니다. 소파를 구입할 때는 인터넷에서 바로 사기보다는 직접 가게에 가서 앉아보고, 느낌이 어떤지 확인한 뒤에 결정해야 실패하지 않습니다.

거실 정돈 포인트 2 테이블로 높낮이를 조절한다

거실과 다이닝룸이 같은 공간에 있을 경우, 식탁과 거실 테이블은 서로 높낮이가 다른 것이 좋습니다. 높은 테이블은 상쾌하고 기분 좋은 집중력을, 낮은 테이블은 부드럽고 편안한 분위기를 가져다줍니다. 양쪽 다 높은 테이블을 쓰면 긴장감이 너무 높아지고, 반대로 양쪽 다 낮은 테이블을 쓰면 너무 편안한 나머지 무기력한 분위기가 됩니다. 각각의 테이블 높낮이를 다르게 하면 긴장감과 편안함 사이에 균형이 생기며 이러한 실내의 기복에 따라 기가 활성화되어 거실이 활기를 띱니다.

거실 정돈 포인트 3 TV는 가족 대화의 도구로 삼는다

거실에 TV를 두는 것이 좋을까요? 아이가 있는 가정 중에는 교육적인 면을 고려해 TV를 치울까 고민하는 가정도 많을 듯합니다. 거실에 TV를 두어도 아무 문제가 없지만 시청 시간이나 채널을 정해두지 않으면 가족 간 대화가 줄어드는 문제는 있습니다.

저는 TV가 필요 없다고 생각하는 쪽입니다. 실제로 집에 TV가 없습니다. 두 아이도 TV는 할아버지, 할머니 댁에서 보는 것이라고 인식하고 있어서 문제가 일어나지 않습니다. 그러나 TV 없이 생활하는 게 불편하다고 생각된다면, 가족끼리 영화나 애니메이션을 보면서 즐기는 용도로 거실에 두는 것도 나쁘지 않습니다.

제가 TV를 보지 않는 이유는 단방향 미디어라는 특성상 불필요한 정보가 너무 많이 흘러나오기 때문입니다. 앞서 말했듯 불필요한 정보가 자꾸 머릿속으로 들어오면 생각과 감정을 어지럽힙니다. 집이나 사무실 환경을 정리할 때와 마찬가지로 감정을 정리하려면 시각정보는 될 수 있는 한 적은 편이 좋습니다. TV에서 흘러나오는 정보보다 같이 사는 가족이 오늘 어떻게 지냈는지, 무슨 생각을 했는지가 훨씬 중요하니까요.

면역을 책임지는
부엌 정돈법

음식은 가족 구성원들의 생명을 책임집니다. 그래서 음식을 만드는 부엌은 영양을 흡수하고 면역을 책임지는 소장과 관련이 깊습니다. 집 안 어디든 깨끗하게 청소해야겠지만, 부엌은 음식과 물을 다루는 곳이므로 특별히 위생에 신경을 써야 합니다. 조리도구도 많고, 쉽게 더러워지기 때문에 청소하고 정돈하기 가장 힘든 곳이지만 요령을 확실히 익혀두면 생명을 지탱하는 힘이 되어줍니다.

부엌 정돈 포인트 1 식재료나 식기를 밖에 꺼내두지 않는다

생명의 근원인 음식을 만드는 부엌의 위생을 고려한다면, 남은 음식이나 사용한 식기는 물론, 사용하지 않은 식재료나 식기

도 밖에 꺼내두지 않고 냉장고나 찬장에 넣어 말끔한 상태를 유지해야 합니다. 조미료도 되도록 찬장이나 서랍에 수납합니다. 밖에 두면 아무리 깔끔하고 보기 좋게 정리한다고 해도 먼지가 쌓일 수밖에 없으므로 넣어두는 편이 무난합니다.

매일 쓰기 때문에 밖에 놔두는 편이 편리하다고 생각할지도 모르지만 조미료뿐 아니라 프라이팬이나 냄비 등 조리도구도 사용할 때만 꺼내고 사용하지 않을 때는 수납하는 것이 기본입니다. 지금 만드는 요리에 필요하지 않은 재료나 도구가 밖에 나와 있지 않아야 걸리적거리는 것 없이 효율적으로 요리할 수 있습니다.

물건을 어수선하게 늘어놓지 않는 것은 풍수의 기본 중의 기본이며, 부엌에도 똑같이 해당됩니다. 불필요한 시각정보에 방해받지 않도록 합시다.

부엌 정돈 포인트 2 수도꼭지와 싱크대는 늘 깨끗이 닦는다

수도꼭지나 싱크대 등 물을 쓰는 곳은 더러워지거나 물때가 끼어 곰팡이나 벌레가 발생하기 쉬우므로 꼼꼼히 청소합니다. 냉장고 안쪽 역시 더러워지지 않도록 자주 청소합니다. 풍수적으로 냉장고 안쪽은 건강운과 밀접하게 연결되어 있습니다. 냉

장고가 꽉 차지 않게 식재료의 양을 조절하고 깔끔하게 관리할 수록 건강이 좋아진다고 생각하면 됩니다.

싱크대를 반짝반짝하게 닦으면 답답함이 확 풀리면서 기분이 좋아진다는 분이 있는데, 그것에도 근거가 있습니다. 반짝반짝한 광택에는 기의 흐름을 활성화시키는 효과가 있기 때문이지요. 그러므로 고민이나 좀처럼 해결되지 않는 문제가 있어 기분이 침체될 때는 싱크대나 수도꼭지를 윤이 나게 닦아보세요. 우울하고 그늘진 마음이 확 맑아지며, 생각과 감정이 부지런히 움직이기 시작합니다. 고민이 싹 사라지거나 생각지 못한 해결법을 떠올리는 계기가 되기도 합니다.

건강을 좌우하는
침실 정돈법

침실은 사람이 가장 무방비한 상태로 지내는 공간입니다. 깨어 있을 때 이상으로 환경정보가 입력되기 쉬운 곳이라고 할 수 있습니다. 좋은 기의 흐름도 나쁜 기의 흐름도 자는 동안 자기 자신에게 축적되므로, 침실은 운을 크게 좌우하고 다음 날의 방향성까지 결정하는 중요한 장소입니다.

침실과 관련이 깊은 장기는 생명의 중심이자 몸의 흐름과 리듬을 만드는 심장입니다. 수면이 건강을 좌우한다는 것은 일반적으로도 잘 알려진 상식이지만, 풍수에서도 건강운을 체크할 때 침실을 매우 중요하게 생각합니다.

잠이 잘 오지 않거나 피로가 잘 풀리지 않는 침실은 불운을 가져옵니다. 반대로 숙면을 취할 수 있는 침실을 만들면, 몸과 마음의 면역력이 오르고 행운을 불러올 수 있습니다.

부부 관계가 별로 좋지 않을 때도 침실을 꼼꼼히 정돈해보세요. 부부의 사적인 공간인 침실이 어지럽다면 부부 관계도 혼란해지기 쉽습니다. 또, 침실이 푹 자기 어려운 환경이면 피로가 풀리지 않지요. 그 결과 상대를 배려하기 힘들어지고, 인간관계도 나빠집니다.

그럼 어떤 침실이 가장 좋을까요? 활기와 생기가 필요한 현관이나 거실과는 조금 다릅니다. 침실을 정돈하기 위한 키워드는 진정된 분위기, 그리고 따뜻한 질감과 색입니다. 기의 흐름을 최대한 차분하게 하고, 온기가 느껴지는 편안한 분위기를 만드는 것이 중요합니다. 구체적인 포인트를 소개하겠습니다.

침실 정돈 포인트 1 침구는 따뜻한 색으로 통일한다

침대 시트나 커버 등 침구의 색은 따뜻하고 편안한 이미지인 옅은 베이지나 노란색, 혹은 갈색 계통으로 통일하면 잠에 더 잘 들 수 있습니다.

여러 색을 쓴 화려한 무늬의 침구나 한색 계통의 침구는 피해야 합니다. 자수가 약간 놓여 있는 것은 괜찮지만, 한눈에도 자극이 강한 색이나 무늬는 잠드는 데 도움이 되지 않으니 주의하세요. 한색 계통은 보기에 차가울 뿐만 아니라 실제로 체감온도가 내려가기 쉽다고 하니, 여름에만 사용합시다.

참고로 흰색은 한색도 난색도 아닙니다. 청량하고 깨끗한 느낌을 주기 때문에 침구에 자주 사용되지만, 사실 풍수에서는 흰색을 걱정이나 슬픔, 긴장감의 색이라고 여깁니다. 그러므로 침구를 흰색으로 통일하는 것은 권하지 않습니다.

또한 침구는 자주 갈아서 청결을 유지해야 합니다. 사람은 피부를 통해 많은 정보를 얻는데, 침구는 직접 피부에 닿기 때문에 중요합니다. 축축하고 지저분한 시트에 누워 자면 부정적인 감정을 얻게 됩니다. 반면 깨끗하고 기분 좋은 잠자리에서 잠들면 수면의 질과 함께 건강도 좋아집니다.

침실 정돈 포인트 2 나무로 만든 가구를 쓴다

침대나 사이드 테이블은 온기가 느껴지는 나무로 만든 것을 사용하는 것이 좋습니다. 파이프 등 차가운 금속성의 침대 프레임은 보기에도 차가울 뿐 아니라 정전기를 발생시킵니다. 정전기를 띠거나 쉽게 차가워지는 소재에 몸을 맡기면 피로가 잘 풀리지 않으므로 좋지 않습니다.

현재 금속성의 침대 프레임을 사용하고 계신 분은 정전기를 띠기 쉬운 화학직물로 만든 시트나 잠옷 대신 면 등 자연소재로 만든 것을 쓰면 부정적인 영향을 덜 받을 수 있습니다.

침실 정돈 포인트 3 침대 높이는 바닥에서 40cm까지

침대 높이는 너무 높지도 낮지도 않은, 40cm 정도의 높이가 좋습니다. 밤 사이에 먼지는 바닥에서 30cm 높이까지 부유한다고 합니다. 침대가 너무 낮으면 자는 동안 계속 먼지를 마시게 됩니다. 먼지는 만병의 근원이며, 특히 기관지에 문제를 일으킵니다. 침대의 높이를 조절했더니 몸이 더 편안해지고 아침에 더 상쾌하게 일어날 수 있었다는 사례가 많습니다.

반대로 침대가 너무 높으면 만에 하나 침대에서 떨어졌을 때 위험하기도 하고, 또 떨어지지 않도록 무의식중에 몸을 사리게 되는 만큼 숙면을 취하기 힘들어집니다.

침실 정돈 포인트 4 이불을 바닥에 바로 깔지 않는다

바닥에 바로 이불을 깔면 앞에서 말씀드린 대로 먼지를 들이마시기 쉬우며, 차고 딱딱한 바닥에 체온을 빼앗겨 몸이 차가워질 수 있습니다. 그러면 잠이 얕아지며 수면의 질도 저하됩니다. 또, 등 아래 딱딱한 느낌 때문에 몸이 긴장해서 완전히 릴랙스하기 어렵습니다. 이불 아래에 두꺼운 매트리스를 깔면 높이가 조금이라도 높아지고, 몸이 더 편해집니다.

매트리스를 깔 수 없을 때는 이불 아래에 카펫을 깔아보세요. 먼지가 일시적으로 카펫에 흡착되어 공중에 날리지 않게 됩니다. 흡착된 먼지를 청소기로 꼼꼼히 제거할 필요는 있지만, 공중에 날리는 먼지는 줄어들므로 몸에 덜 해롭습니다.

침실 정돈 포인트 5 머리는 벽에서 떨어뜨리지 않고 창을 멀리 한다

숙면을 취하는 데 있어서 잘 때 머리의 위치도 매우 중요합니다. 잠이 잘 오지 않는 경우, 벽에서 머리를 떨어뜨리고 자는 경우가 많습니다. 벽에서 머리가 떨어지면 머리 옆으로 공기가 빠져나갈 길이 생겨서 자고 있을 때 머리 옆에 계속 바람이 불게 됩니다. 활동하고 있을 때라면 괜찮지만, 조용히 쉬어야 할 수면 중에 머리가 바람에 계속 노출되면 제대로 쉴 수 없습니다. 자꾸 얕은 잠을 자거나 잠에서 깨었을 때도 피곤하다면 머리의 위치를 다시 확인해보세요. 단, 헤드보드가 있는 침대라면 벽에서 떨어져 있어도 크게 문제는 없습니다.

창문 근처도 바깥의 기온 변화로 인해 바람이 잘 발생하여 수면에 방해되므로 가능한 한 피해주세요. 창문에서 침대를 떨어

뜨리기 어렵다면 머리 위치만이라도 창문을 향하지 않도록 합시다. 마찬가지로 침실 문과 일직선상에서는 바람이 활발하게 흐르기 때문에 침대나 머리가 있으면 숙면을 방해하므로 피합니다.

침실 정돈 포인트 6 침실에는 거울을 두지 않는다

현관 정돈법에서 말씀드렸듯이 거울은 기를 활성화시키는 데 적합한 물건입니다. 반대로 기를 진정시켜야 할 침실에는 맞지 않습니다. 밤중에 거울에 비친 자기 모습을 언뜻 보고 놀란 경험은 한 번쯤 해봤을 거라 생각합니다. 이 '놀람'으로부터는 불쾌한 감정이 발생합니다. 그렇게 되면 마음이 편하지 않겠죠.

거울을 옮길 수 없다면 잘 때만이라도 천이나 수건을 덮어놓으세요. 무늬가 없는 천과 수건이 적당합니다. 저는 호텔에 묵을 때도 침대가 비치는 위치에 거울이 있으면 거울을 옮기거나 수건을 덮은 후에 잠을 청합니다.

침실 정돈 포인트 7 너무 높거나 경사진 천장은 천을 사용해 조절한다

천장의 높이나 모양도 숙면과 관계가 있습니다. 천장이 높은 곳에서는 아주 개방적인 기분이 들고, 낮은 곳에서는 꾹 누르는

듯한 압박감이 듭니다. 거실 등 활기가 필요한 곳은 천장이 높으면 개방감이 느껴져서 기분이 좋아지지만, 차분해야 할 침실의 천장이 너무 높으면 잘 잠들 수 없습니다.

또한 경사진 천장 아래, 천장에서부터 늘어진 전등이나 대들보 아래 등 경사나 요철이 있는 곳도 기가 활성화되기 때문에 숙면에는 맞지 않습니다. 침대는 가능한 한 이런 곳 아래에 오지 않게 배치하고, 위치를 옮기기 어렵다면 머리 위치만이라도 바로 아래에 오지 않도록 합니다. 경사진 천장은 침대 위에 덮개를 만들거나 천을 쳐서 반듯하게 보이도록 하면 차분한 분위기를 만들 수 있습니다. 아래에 기타 침실 정돈법들을 소개합니다.

· 옷을 쌓아두지 않는다.

· 자는 데 관계없는 물건은 치운다.

· 큰 관엽식물을 두지 않는다. 식물은 밤에 산소를 마시고 이산화탄소를 내쉬기 때문에 취침 중 호흡이 힘들어질 가능성이 있다. 식물을 두고 싶다면 잎이 큰 것은 피하고 작은 화분에 심은 것을 고른다.

· 머리 근처에 TV나 오디오 등 전자제품을 두지 않는다.

· 불을 켜고 자지 않는다. 사람은 약한 불빛이라도 눈꺼풀 너머로 반응하기 때문에 숙면에 방해가 된다. 원칙적으로 침실은 완전히 어두워야 한다.

· 반려동물과 함께 자면 털이나 먼지, 미생물 등을 마실 수 있으며, 뒤척이지 않도록 무의식중에 긴장하게 되어 피로가 풀리지 않는다.

· 하루에 한 번은 환기를 한다. 아침 7~9시가 가장 좋다.

평상심을 지탱하는
화장실 정돈법

배설은 아주 중요한 행위입니다. 이를 담당하는 화장실은 건강 상태를 알 수 있는 척도이자, 배설과 관련된 신장이나 방광 등 비뇨기와 관련 깊은 장소이기도 합니다.

음양오행에서 방광과 신장은 물을 의미하며, 공포심과 깊게 관련되어 있다고 합니다. 화장실이 어두워서 무섭거나 안정을 느끼지 못한다면 겁이 많아지거나 차분하지 못한 성격이 될 수 있습니다. 반대로 포인트를 잘 잡아 화장실을 정돈하면 평상심을 기를 수 있습니다.

화장실은 꼼꼼하게 청소해서 늘 깨끗하고 기분 좋게 이용할 수 있는 상태를 유지해야 합니다. 마음 편히 용변을 볼 수 있도록 편안한 공간을 만드는 것도 중요한 포인트입니다.

화장실을 매일 청소하면 운이 좋아지는데, 특히 재물운이 좋아진다는 이야기가 종종 들려옵니다. 매일 빈번히 사용하는 곳이므로, 다른 공간을 청소할 때보다 더욱 마음을 담아 청소를 하면 좋을 것입니다.

그러나 '어떻게 해서든 재물운을 올리고 싶으니까 매일 빼먹지 않고 꼭 청소해야지!'라고 생각하는 것은 금물입니다. 화장실 청소가 숙제가 되면 긍정적 에너지보다 부정적 에너지가 더 커지기 때문에 오히려 역효과가 납니다. 만약 청소를 하루라도 잊어버리면 왜 잊었는지 자책하며 스트레스를 받겠죠. 또 별로 효과가 없으면 매일 청소하는데 왜 운이 오르지 않느냐며 불평하게 됩니다. 자책이나 불평 때문에 오히려 부정적 에너지가 생길 수 있으므로 주의합니다. 이렇게 되면 효과가 떨어지므로 '좋은 방향으로 가고 있을 거야!'라고 낙관하며 그 행동을 즐기는 것이 중요합니다. 이제부터 화장실을 정돈하는 포인트를 구체적으로 소개하겠습니다.

화장실 정돈 포인트 1 좋아하는 그림 또는 꽃으로 장식한다

화장실에는 꼭 좋아하는 그림이나 꽃을 놓아보세요. 시야에 좋아하는 것이 보이면 부교감신경이 움직여 릴랙스하게 되므로 몸이 자연스럽게 용변을 보기 편한 상태로 변합니다. 꽂은 생화가 좋습니다. 그림이나 꽃 둘 중 하나만 놓아도 좋고, 둘 다 놓아도 좋습니다. 반대로 달력과 시계는 화장실에 두어서는 안 됩니다. 시간에 쫓기는 느낌이 들어서 심신을 긴장하게 하는 교감신경이 작동하게 되고, 용변을 보기 힘든 상태가 됩니다.

덧붙여 달력과 시계는 화장실뿐만 아니라 다른 장소에도 너무 많이 두지 않는 편이 좋습니다. 방마다 달력을 걸어놓는 집도 많은데 무의식중에 시간에 쫓기는 감각이 몸에 붙어 집에서도 편안히 쉴 수 없습니다.

일정은 되도록 수첩이나 스마트폰으로 관리하고 달력을 눈에 잘 보이지 않도록 최소한으로 줄이면 집이 훨씬 편안한 공간으로 바뀔 것입니다.

화장실 정돈 포인트 2 여분의 휴지나 청소도구는 수납한다

청소용 세제나 시트, 여분의 휴지 등은 보이는 곳에 두지 않고 수납장 안에 정리해서 넣는 것이 원칙입니다. 깔끔하게 쌓아올렸다고 해도 안 됩니다. 변기 청소용 브러시만 밖에 두세요. 다른 물건은 수납해서 눈에 보이지 않게 합니다. 여기저기

놓인 세제나 청소도구는 불필요한 시각정보로 작용하면서 기분을 저해하고, 몸을 편치 않게 하기 때문입니다.

인간관계가 좋아지는
수납법

옷장, 서랍, 붙박이장 등의 수납공간은 인간관계와 관련이 깊습니다. 수납공간은 보통 문이나 뚜껑으로 닫혀 있어, 밖에서는 보이지 않습니다. 남의 눈에 보이지 않는 이 공간을 어떻게 다루는지 살펴보면 그 사람의 본심과 남이 안 보는 곳에서 어떻게 행동할지를 알 수 있습니다.

거실 등 오픈된 공간은 깨끗이 정리했어도, 수납공간이 엉망이라면 사람들이 보지 않는 부분은 신경 쓰지 않는다는 뜻이죠. 사람을 대할 때도 표면적으로는 친절하지만 뒤에서 험담을 하는 등 앞뒤가 크게 다른 유형일 가능성이 높습니다. 보는 사람이 없는 곳에서도 성실한 태도를 유지하는가, 이 점이 인간관계에서는 아주 중요합니다.

요즘 회사 사람들과의 관계가 좋지 않고, 애인의 태도가 차갑거나, 친구와의 사이가 꼬인다면 옷장이나 서랍, 붙박이장을 한번 들여다보세요. 어수선하지 않나요? 보이지 않는 곳일수록 깔끔하게 정리정돈하는 습관을 들이면 점차 인간관계가 좋아질 것입니다. 보이지 않는 것을 소홀하게 대하는 자신의 태도가 알게 모르게 주위 사람들에게 전해져서 그들의 마음을 멀어지게 만들고 있는지도 모릅니다.

수납공간 정돈 포인트 내용물을 기억하지 못하는 상자는 필요 없다

수납공간에 들어 있는 물건들을 일단 전부 꺼내어 필요한지 아닌지 구분해봅시다. 이때 무엇이 들어 있는지도 기억나지 않는 상자가 있다면 아직 내용물을 확인하기 전이어도 안에 있는 물건은 전부 필요 없는 것이라고 판단할 수 있습니다. 물론 무엇이 들어 있는지 파악하고 있는 상자는 버릴 필요가 없지만, 버리지 않고 두었는데 기억도 안 나는 물건들이라면 지금의 나에게는 가치가 없고 불필요한 물건입니다. 간직하려고 모아두었을 때는 가치가 있었을지 모르지만 기억이 나지 않는 지금은 아닙니다.

불필요한 물건을 전부 버렸을 때 비로소 집착에서 자유로워지고 홀가분해져서 앞으로 나아갈 힘이 생깁니다. 현재 문제되는 인간관계도 긍정적인 시각으로 바라볼 수 있게 되어 해결의 실마리를 잡을 수 있을 것입니다.

마음의 눈인
창문 청소법

"앞으로 어떻게 해야 할지 모르겠어요", "나아갈 길이 보이지 않아요" 이런 고민을 하고 있는 사람은 창문을 닦아보기를 권합니다. 창문은 눈과 큰 관련이 있으며, 창문이 더러우면 눈도 흐린 상태라고 할 수 있습니다. 사리를 분별하는 힘이나 앞으로 자신이 어디로 나아가야 할지 판단하는 힘도 떨어지므로, 창문 청소를 습관화해서 깨끗한 상태를 유지하도록 해보세요. 그러면 올바른 관점을 유지하는 '마음의 시력'이 올라갑니다.

판단이 망설여질 때, 미래가 불안해질 때 창문을 닦으면 통찰력이 커지며, 자신 있게 바른 길을 선택할 수 있게 됩니다.

인간관계운을 좌우하는
정원 및 발코니 정돈법

다양한 꽃과 식물이 자라나는 정원이나 발코니를 보면 저도 모르게 예쁘다고 감탄하게 되지요. 산책을 하다가 그런 정원을 만나면 걸음을 멈추고 들여다보기도 하고요. 그만큼 식물로 아름답게 단장된 정원에는 사람의 마음을 끄는 매력이 있습니다.

정원과 발코니의 상태는 수납과 마찬가지로 인간관계와 관련이 깊습니다. 구석구석 잘 손질된 정원, 해를 향해 핀 꽃이나 하늘을 향해 자라나는 수목의 모습은 집에 사는 사람뿐 아니라 친구와 지인, 더 나아가 손님이나 지나가는 사람의 마음까지 위로하고 평온하게 만듭니다.

반대로 집 안에서는 정원이나 발코니가 보이지 않는다고 손질을 게을리 하거나 쓰레기며 잡동사니를 방치해둔 집도 가끔

봅니다만, 난잡하거나 삭막한 환경은 보는 사람의 마음을 메마르게 만들어 인간관계에 불화를 가져오기 쉽습니다.

수납공간은 인간관계를 바라보는 속마음을 반영하는 데 비해 정원이나 발코니는 겉으로 상대와 어떻게 관계하는지, 어떤 얼굴을 보이는지를 알 수 있는 장소입니다.

'왠지 요즘 인간관계가 잘 안 풀리네…'라는 생각이 든다면 정원이나 발코니를 점검해보세요. 풍수 카운슬러로서 경험한 바, 정원이나 발코니를 기분 좋은 공간으로 정돈하면 인간관계에 좋은 변화가 생길 확률이 상당히 높습니다.

정원 및 발코니 정돈 포인트 1 떨어진 잎은 방치하지 않고, 가시가 있는 식물은 두지 않는다

떨어진 잎은 쓸어서 치우고, 꽃이 지면 방치하지 말고 따내어 정리합니다. 잡동사니를 방치하지 않는 것도 잊지 마세요. 식물을 돌보는 것에 자신이 없다면 화단보다 비교적 돌보기 쉬운 관엽식물을 배치하면 좋습니다. 덧붙여 선인장 등 가시가 있는 식물은 긴장감을 주므로 두지 않는 편이 낫습니다(66쪽 참고).

정원 및 발코니 정돈 포인트 2 작물은 화분에 키운다

정원 한편에 작물을 직접 재배하는 분들이 꽤 많을 것입니다. 그러나 땅이 아주 넓지 않은 한 정원을 밭으로 사용하는 것은 권하지 않습니다. 채소나 과일에 영양분을 빼앗겨 땅의 에너지가 약해지기 때문입니다.

특히 좁은 땅에서는 작물을 키우지 않는 것이 좋습니다. 땅이 좁을수록 에너지가 쉽게 바닥나기 때문입니다. 어느 정도 넓은 땅이라도 채소나 과일에만 영양이 몰리지 않도록 소규모로 재배합니다. 정원에서 작물을 키울 때 땅의 에너지를 보존하는 방법은 두 가지가 있습니다. 하나는 밭과 정원의 경계선을 만드는 것입니다. 재배 공간을 벽돌 등으로 구분지어서 에너지가 빠져나가지 않게 합니다.

또 하나는 땅에 바로 심지 않고 화분에 재배하는 것입니다. 이렇게 하면 땅의 에너지를 작물에 빼앗기지 않을 수 있습니다. 특히 열매가 열리는 과채류는 땅의 에너지를 크게 흡수하므로 위의 대책들을 적용하기를 권장합니다. 관상용 식물이라도 열매가 열린다면 대책이 필요합니다. 참고로 꽃은 땅의 에너지를 그렇게 많이 빨아들이지 않으므로 땅에 바로 심어도 문제없습니다.

거주 공간으로 활용할 수 있는
지하실 정돈법

지하실은 기본적으로 창고로 사용하고, 또 그렇게 사용하는 것이 적합한 공간이지만 토지 사정에 따라 지하실을 거주 공간으로 활용하는 경우도 있습니다. "지하실에는 나쁜 기운이 있나요?"라는 질문을 종종 받는데, 꼭 그렇지는 않습니다. 방음 효과가 좋아 악기 연습실로 쓸 수 있고, 어둡고 조용하다는 특성을 이용해 홈시어터를 설치할 수도 있지요. 요컨대 지하실도 활용하기 나름입니다. 여기서는 거주 공간으로 지하실을 활용하는 방법을 소개합니다.

지하실 정돈 포인트 따뜻한 질감을 부여하고 밝은 조명을 설치한다

거주 공간답게 편안한 분위기를 만드는 방법은 거실과 동일

합니다. 첫 번째로는 바닥, 벽, 천장의 질감과 색에서 온기가 느껴지도록 하는 것입니다. 지하실 벽을 절대로 콘크리트 노출로 처리하지 마세요. 창문도 없는 차갑고 어두운 공간이 되고 맙니다. 따스한 색이나 질감으로 된 벽지나 목재 바닥으로 마감합니다.

가구 색은 오렌지색이나 갈색 등 차분한 난색을 기조로 합니다. 침대나 테이블 등의 가구는 금속보다는 나무로 만든 것이 좋습니다. 소파는 패브릭 소파를 추천합니다. 또, 지상층에 비해 기온이 낮기 때문에 바닥에 카펫을 깔아 발을 차갑지 않게 합니다. 차가움은 부정적 감정으로 이어지니까요.

아이 방으로 사용할 때는 해, 바다, 산 등 자연을 모티브로 한 그림을 걸어 자연과 이어져 있다는 느낌을 주면 기분이 밝아집니다. 벽에 창문을 그리는 것도 좋은 아이디어입니다. 또, 창문으로부터 빛이 들어오지 않으므로 밝은 조명을 사용하세요. 지하실은 환풍이 잘 되지 않아서 쉽게 습기가 차고 곰팡이가 생기기 때문에 성능이 좋은 에어컨이나 제습기를 설치하도록 합니다.

성적이 오르는
아이 방 정돈법

일본에서는 최근 '거실 공부'가 화제입니다. 거실이나 다이닝룸에서 공부하면 아이의 성적이 오른다는 이론입니다. 가족이 옆에 있다는 사실이 아이를 안심시켜서 차분하게 앉아 공부에 집중하도록 도와주기 때문이라고 합니다. 부모가 집안일을 하거나 책을 읽는 등 아이와 다른 일을 하고 있더라도 가족 구성원들이 같은 공간에 있다는 사실만으로 일체감을 느낄 수 있습니다.

'기껏 아이 방을 따로 만들었는데!'라고 아쉬운 생각이 드는 부모님도 걱정 마세요. 아이 방을 차분하게 공부에 집중할 수 있는 환경으로 만들면 됩니다. 지금부터 밝고 솔직하고 건강하며 성적도 좋은 아이로 자라게 하는 방을 만드는 법을 소개합니다.

아이 방 정돈 포인트 1 해가 잘 드는 장소가 생활 리듬을 바르게 한다

아이 방은 되도록 해가 잘 드는 곳이 좋습니다. 아침에 받는 햇빛은 자연 리듬에 맞는 규칙적인 생활을 도와줍니다. 요즘은 아이들의 취침 시간이 점점 늦어지고 있다고 하지만, 아침 일찍 햇볕을 쬐면 밤에 자연히 졸리게 되어 취침 시간을 앞당길 수 있습니다.

아이 방이 북향이거나 지하실처럼 창문이 없는 곳에 만들어야 할 경우에는 해를 연상시키는 밝은 노란색이나 오렌지색의 커튼이나 벽지를 쓰면 좋습니다. 해가 그려진 풍경화를 거는 방법도 좋습니다.

아이 방 정돈 포인트 2 부모 방보다 큰 방을 주지 않는다

아이 방은 부모 방보다 크지 않게 하는 것이 기본입니다. 방의 넓이는 자기 세력의 크기로 느껴지기 때문에, 아이 방이 더 크면 부모의 말을 잘 듣지 않는 경향이 생깁니다.

이때 아이 수는 감안하지 말고 부모 방보다 작게 하세요. 이를테면 아이가 세 명이라도 큰 방과 작은 방 중에서 작은 쪽을 아이들에게 주기를 권합니다.

아이 방 정돈 포인트 3 책상과 의자는 문을 등지지 않게 한다.

아이가 스스로 공부하기를 원한다면 책상 위치를 잘 잡아야 합니다. 인간을 비롯한 동물은 방어본능 때문에 등 뒤에 뭔가가 있는 것을 두려워합니다. 그래서 문을 등지는 위치에 책상이 있으면 언제 누가 문을 열고 들어올지 몰라 늘 긴장하게 되고, 책상에 차분히 앉아 있지 못합니다. 책상은 문과 직선상에 두지 말고, 가능하면 문과 직각이 되도록 배치하는 것이 좋습니다. 침대 역시 문 직선상에 있지 않아야 숙면을 취할 수 있습니다.

또한 책상과 의자는 아이의 성장에 맞춰 높이를 조절할 수 있는 것을 추천합니다. 풍수 카운슬링을 위해 방문하는 집에서 아이의 체형과 의자가 맞지 않는 경우를 자주 봅니다. 높이가 너무 높아 발이 바닥에서 뜨거나, 반대로 너무 낮아 몸을 숙여야 하는 경우, 몸이 무의식중에 스트레스를 받기 때문에 책상에 앉아 공부하는 것을 싫어하게 됩니다. 참고로 의자 등받이는 등 뒤 안정감에 큰 역할을 하므로 높고 튼튼한 것이 좋습니다.

일을 잘할 수밖에 없는 직장 환경 만드는 법

일하기 좋은 감정을 만들면
생산성이 높아집니다

이번 장에서는 직장 환경에 대해 이야기하고자 합니다. 직장은 풀타임으로 근무하는 사람에게는 때로 집보다 오랜 시간을 보내는 곳입니다. 집과 마찬가지로, 혹은 그 이상으로 직장의 환경이 생각과 감정에 영향을 준다고도 할 수 있습니다. 설령 집이 잘 정돈되어 있더라도, 이렇게 오랜 시간을 보내는 직장의 환경이 열악하면 감정은 여전히 혼란스럽겠죠. 그러므로 직장도 집만큼 잘 정돈해야 합니다.

집이나 건물은 생명체와 같다고 앞에서 말씀드렸습니다. 이러한 관점은 직장에도 그대로 적용됩니다. 직장이라는 공간은 일을 함께하는 파트너입니다. 청소하고 정리정돈하여 깔끔하게 정비해놓으면 일하는 사람의 집중력이나 생산성을 높여줍니다.

집을 정리할 때와 마찬가지로, 직장에서 전체가 사용하는 공간과 개인만 사용하는 공간 모두 어둡고, 냄새나고, 더러운 상태를 피해 정리되고, 정돈되고, 청결한 상태로 만들어야 합니다. 이 전제 위에서 일에 잘 집중할 수 있는 직장을 만들기 위해 필요한 조건으로는 다음의 5가지 환경정보가 있습니다.

5가지 환경정보

시각(눈) : 책상이나 서류함에 일에 관한 정보가 너무 많지 않을 것. 살풍경스럽지 않고 마음이 편안해지는 그림이나 꽃, 식물이 적당히 배치되어 있을 것.

후각(코) : 생활 냄새나 음식물 냄새, 곰팡이나 먼지 냄새 등 불쾌한 냄새가 없을 것.

미각(입) : 일하는 중에 가볍게 먹을 수 있는 주전부리나 차가 있을 것.

청각(귀) : 잡음이나 소음이 없을 것. 완전한 무소음보다는 업무에 필요한 대화나 적당한 잡담이 있으며, 잔잔하게 가사 없는 음악이 흐르는 환경.

촉각(체감) : 몸에 맞는 크기와 높이의 책상과 의자, 효율적인 동선 등.

청소와 정리정돈을 통해 이러한 환경을 구축하면 집중력이 높아지고 동기부여가 되며 의욕이 커져서 일하는 데 걸맞은 감정 상태가 됩니다.

솔선수범해서 청소를 하면
사내에서 영향력이 커집니다

청소와 정리를 하는 것은 공간을 돌보는 행위입니다. 풍수에서는 어떤 것을 돌보는 행위는 기를 새로 들이는 행위와 같다고 봅니다. 새로운 기를 들여서 기가 정체되는 것을 막고, 사무실에 적당한 활기와 생기를 불어넣어 일하기 좋은 환경을 만듭니다.

하루에 3분이라도 좋으니 청소와 정리를 해보세요. 책상 주변뿐 아니라 '바람'이 들어오는 현관, 입구, 창문을 정리하고 탕비실 등 '물'을 다루는 곳도 정리합니다. 그러면 말 그대로 '풍수'가 정비되어 일에 운이 높아집니다.

업무가 시작되기 전이나 끝난 후를 청소 시간으로 잡으면 습관으로 자리잡기 쉽습니다. 업무 시작 전에는 직장을 향해 하루

동안 잘 부탁한다는 마음으로, 업무 후에는 고마웠다는 마음으로 청소를 하면 정리도 잘 되고, 생기가 있어지며 긍정적인 에너지가 생깁니다.

단, 너무 완벽하게 하려 들면 오히려 부정적인 에너지가 생기므로 주의합니다. '오늘은 서랍 맨 윗칸만 정리하자' 같은 식으로 매번 범위를 한정해서 부담되지 않는 페이스로 계속하는 것이 좋습니다.

청소나 정돈을 마지못해 하거나 누군가 시켜서 억지로 해도 역효과가 납니다. 부정적인 기분이 든 상태로 청소하면 대충 하게 될 뿐만 아니라 그 공간에도 부정적인 에너지를 채우게 됩니다. 만약 혼자 청소하기가 버겁다면 긍정적인 에너지가 생기도록 기꺼이 도와줄 만한 사람에게 부탁해보세요.

직장을 청소할 때는 가능한 한 직원이 모두 참가하는 것이 좋습니다. 함께 청소하면서 마음을 모으게 되는 장점도 있으니까요.

행동의 질은 마음을 어떻게 먹느냐에 따라 달라집니다. 그리고 양질의 행동을 하는 사람은 존재감이 자연스럽게 커지기 때문에 그 사람의 발언 역시 영향력이 커집니다. 직장에서 내 의견이 잘 통과되었으면 좋겠거나 존재감이 커졌으면 좋겠다고 생각한다면 자기 주변은 물론, 공용 공간도 솔선수범해서 청소하고 손질해보세요. 사무실 환경을 정돈하는 사람은 그곳에서 일하는 사람의 마음을 정리하는 힘도 얻게 됩니다.

책상 위를 정리하면
집중력이 높아집니다

일에 집중이 잘 되지 않거나 쉽게 정신이 산만해진다고 느낀다면 책상 위를 둘러보세요. 서로 다른 업무 기획서나 자료를 한꺼번에 늘어놓고 있을지도 모릅니다.

앞에서 말했듯이 우리의 의식은 눈에 보이는 것, 손에 닿는 것, 귀에 들리는 것 등 환경정보로부터 연상되는 이미지에 따라 움직이며 행동도 그에 좌우됩니다. 어떤 일을 진행하는데 다른 정보가 눈에 들어오면 그쪽으로 신경이 쏠리게 됩니다. 아주 조금이라도요. 의식을 하지는 않아도 무의식적으로 다른 정보에 신경이 쓰여 눈앞의 일에 집중할 수 없습니다. 책상 위에 서류나 우편물을 올려두지 말고, 전화와 컴퓨터만 두세요. 그 외의 서류나 문구류는 모두 서랍에 넣거나 책꽂이에 꽂아

수납합니다.

작업 중인 일과 관련된 자료만 꺼내놓는 것을 기본 원칙으로 삼으면 자연히 집중력이 오릅니다. 또한 불필요한 물건이 없는 만큼 작업 동선이 매끄러워지고 물건을 찾는 일도 줄어들어 작업 효율이 크게 오릅니다.

풍수에서는 적당한 공간의 여유는 마음의 여유와 같다고 봅니다. 즉 책상 위 작업 공간의 여유는 마음의 여유라는 뜻이지요. 시야가 좁게 느껴진다면 책상 위를 정리해서 평소보다 넓은 공간을 만들어보세요. 생각이나 아이디어의 폭이 넓어집니다.

또 깨끗한 천으로 책상 위를 닦는 것을 하루 일과에 넣고 매일 해보세요. 물건은 말끔히 정돈된 상태여도 손때 등으로 생각보다 더러운 책상 표면 역시 우리에게 많은 영향을 줍니다. 책상뿐만 아니라 컴퓨터 키보드, 모니터, 전화기도 꼼꼼히 닦아 청결하게 유지합니다.

책상 주변을 꼼꼼히 청소하여 깨끗하게 하면 몸과 마음의 불운도 씻어낼 수 있습니다. 더러워진 후에 청소하지 말고, 더러워지기 전에 청소한다는 마음가짐으로 매일 청소해보세요.

일과 관련한 고민이 많은 사람, 쉽게 피곤해지는 사람도 책상 주변에서 일과 관계없는 물건을 없애고 불필요한 시각정보를 줄여보세요. 시각정보가 너무 많으면 뇌가 혼란스러워져서 본래의 능력을 발휘하지 못하고, 업무 우선순위를 정하기도 힘들어집니다. 반대로 상쾌하게 트인 공간에서는 좋은 발상이 쉽게 떠오릅니다. 마음에 드는 그림이나 사진, 소품도 머릿속에서 잡음으로 작용해 스트레스가 되는 경우도 있습니다.

일단 책상 위의 물건들을 전부 치워서 깨끗한 상태로 만들어보세요. 이때 기분이 상쾌해진다면 그것들이 시각적인 스트레스를 주고 있었다는 뜻입니다. 그 뒤에 다시 자신의 기분을 점검하면서 그림이나 사진, 소품을 하나하나 진열하는 것이 좋습니다.

시간에 쫓기는 느낌이 든다면
주변을 둘러봅니다

자꾸만 시간에 쫓기는 느낌이 들고 초조해진다면 가까운 곳에 시계나 달력이 여러 개 보이지 않는지 확인해보세요. 시간을 연상시키는 물건이 너무 많으면 마음이 불안하고 초조해집니다. 이때는 시계나 달력을 줄여보세요. 안정감을 높일 수 있을 겁니다.

강한 메시지를 지닌 시각정보는 양이 많을수록 무의식에 깊이 침투해서 스트레스를 늘립니다. 주변 공간에서 과도한 시각정보를 줄이기만 해도 그 공간의 분위기가 안정되고, 기분도 몸 상태도 안정을 되찾을 것입니다.

물건에게
주소를 만들어줍니다

사람이 많은 곳은 아무리 조심해도 우리에게 스트레스를 주는 환경정보가 과다해지기 쉽습니다. 특히 사무실에서는 한군데에 물건이 계속 쌓이는 악순환이 곧잘 일어납니다.

처음에는 아무것도 없었던 책상에 누가 책을 한 권 대충 던져두었다고 생각해봅시다. 이 행동으로 인해 그 책상은 '물건을 방치해도 괜찮은 곳'이 되고, 마치 자석에 끌리듯이 물건이 쌓여갑니다. 점점 더 많은 사람이 물건을 방치하는 탓에 사무실은 창고처럼 변하고 어수선해집니다.

이런 상황을 미연에 방지하기 위해서는 눈에 보이는 규칙을 만드는 것이 효과적입니다. 물건에 주소를 부여하는 방법이 가장 대표적입니다. 'ㅇㅇ 자료', 'ㅇㅇ~ㅇㅇ년도 기획서' 같은 식

으로 이름표를 붙이고 종류별로 물건에 주소를 적어보세요. 주
소에 맞는 물건 외에는 자연히 두지 않게 됩니다. 이처럼 규칙
을 만들면 물건이 쌓이지 않고, 있어야 할 곳에만 있는 상태를
만들 수 있습니다.

또는 장소마다 그곳을 관리, 정돈하는 담당자를 정하는 방법
도 효과가 있습니다. 관리자, 즉 책임자가 없는 장소는 어지르
거나 더럽혀도 곤란해하거나 지적할 사람이 없다는 사실이 무
의식에 작용해 어질러도 괜찮을 것이라 생각하게 됩니다. 관리
자가 있으면 직원 한 사람 한 사람에게 관리자가 힘들어질 테니
어지르지 말자, 깔끔히 사용하자는 의식이 생겨서 깨끗한 사무
실을 유지할 수 있습니다.

일하는 곳에 택배박스가
몇 개 있나요?

사무실을 슥 돌아보세요. 택배박스가 몇 개 눈에 들어오나요? 하나도 없다면 이상적이고, 몇 개 보인다면 요주의입니다. 만약 택배박스가 머리 위까지 쌓여 있다면 직원들의 사고나 감정이 늘 어지러운 직장이라고 할 수 있겠습니다.

박스가 창고나 수납장 등 보이지 않는 곳에 들어가 있어 시야에 들어오지 않는다면 문제가 없습니다. 하지만 박스를 발밑에 쌓아두거나, 시야에 바로 들어오는 오픈랙이나 선반 위에 방치된 상태는 피해야 합니다.

택배박스를 왜 피해야 하는 건지 궁금해하는 사람도 많을 것 같습니다. 3장에서 설명한 내용을 떠올려보세요. 마음을 편안하게 하는 공간이 무엇인지 감이 잘 잡히지 않는다면 '리조트 호텔'을 모델로 삼으면 쉽습니다. 리조트 호텔 로비나 방에 박스가 놓여 있는 모습이 상상이 가시나요? 한 개만 있어도 위화감이 엄청나지 않을까요?

택배박스는 원래 물건을 배달하기 위해 만들어졌습니다. 배달하는 동안만 임시적으로 사용되는 박스죠. 그렇기 때문에 상자의 모양, 색깔, 상자에 적힌 문자까지도 질이 좋지는 않습니다. 눈에 띄는 곳에 방치한다면 공간의 질을 저해하게 됩니다.

여기에 덧붙이자면, 택배박스를 그냥 방치해두었다는 것은 '임시로 두는 거예요'라든가 '나중에 치울게요' 하고 생각했다는 것을 보여줍니다. 그것을 치우지 않고 장기간 방치한다는 것은 해야 할 일을 하지 않고 나중으로 미루는 것과 같습니다. 집에서도 마찬가지지요.

택배를 받고도 바로 개봉하지 않고 방치하거나, 자리 이동이나 이사를 하고서도 몇 개월 동안 바닥에 박스를 그대로 놓아두진 않았나요? 이러한 '나중에' 습관은 정리정돈을 어려워하는 사람의 특징이자, 동시에 스케줄 관리나 자기 관리를 어려워하는 사람의 특징이기도 합니다. 물건을 나중에 치운다며 방치하는 사람은 다른 행동도 나중에 할 가능성이 높습니다.

창고에 넣어둘 것이 아니라면 박스에서 내용물을 꺼내서 책이라면 책장에, 노트라면 서랍에, 각 물건이 있어야 할 자리에 넣어두세요. 택배박스를 눈에 띄는 곳에 두고 수납 케이스 대용으로 사용해서는 안 됩니다.

또 택배박스에 쓰여 있는 문자들도 좋지 않은 영향을 줍니다. 고개를 돌렸을 때 문자들이 눈에 늘 보이게 되면 불필요한 시각정보가 됩니다. 무의식적으로 시각정보가 계속 들어오게 되면 머릿속 잡음이 되어 집중을 흐리고 일의 효율도 떨어지게 합니다. 이렇게 택배박스는 우리가 생활하는 공간에 여러 가지로 좋지 않은 영향을 줍니다. '나중에'라고 미루는 습관을 버리고, 바로바로 치우는 습관을 들이는 것이 좋습니다.

좋은 직장 환경을 만들면
좋은 인재가 모입니다

사람이 모이는 곳에는 '인기(人氣)'가 생기고, 그 인기는 재물운을 말하는 '재기(財氣)'로 이어집니다. 이것은 집에서도 직장에서도 마찬가지입니다. 회사의 수익을 늘려 재정적으로 규모를 키우고 점점 더 발전하는 곳으로 만들고 싶다면, 직장이라는 공간을 사람을 모으는 힘이 있는 곳, 즉 '인기'가 있는 공간으로 만들어 인재가 모여들게 해야 합니다. 인재가 모이면 재물을 모으는 힘이 생기고, 회사가 점점 발전하게 됩니다.

그렇다면 직장을 사람이 잘 모이는 곳으로 만들려면 어떻게 해야 할까요? 가장 기본이 되는 것은 직원이 직장을 아껴야 한다는 것입니다. 자신이 있는 곳을 아끼다 보면 그곳에 있는 사람들도 아끼게 되며, 나아가서는 더 많은 사람을 모아 서로를 아끼는 기운을 퍼뜨리고 싶어집니다. 그 결과 인기가 생기고 방문자나 손님의 방문이 잦아집니다.

　손님이 잘 찾아오지 않는 부서라도, 언제 사람이 찾아와도 괜찮도록 공간을 정돈합시다. 사람을 맞을 준비가 된 장소에 좋은 인연과 인간관계를 원만하게 하는 기운이 생기기 때문입니다.

좋은 운도 나쁜 운도
사람이 가지고 옵니다

좋은 운이든 나쁜 운이든 모두 사람이 가지고 옵니다. 왠지 모르게 어떤 사람은 운이 좋아보이고 어떤 사람은 왠지 운이 나빠보인다고 느껴본 적 없나요? 실제로도 운이 좋은 사람은 행운을 가져오고, 운이 나쁜 사람은 불운을 가져오기 때문에 그렇게 보이는 것입니다. 그만큼 사무실에 어떤 사람들이 오가는지는 사무실의 운을 좌우합니다.

동시에 공간은 사람에게 영향을 주므로 운이 좋은 사무실에서는 직원들에게도 행운이 찾아오고, 운이 나쁜 사무실에서는 직원들도 불운해집니다. 행운 체질인 사람은 불운한 사무실과 잘 맞지 않아 오래 있지 못할 것입니다. 반대의 경우도 마찬가지입니다. 오래 일하는 사람, 금방 그만두는 사람이 나뉘는 데에는 업무 내용이나 대우조건 때문만이 아니라 직장 공간과의 상성이 관여하는지도 모릅니다.

　운은 바람이나 물의 흐름과 마찬가지로 순환하는 것이고, 또 순환해야만 합니다. 지금 상태가 딱 좋다고 순환을 막아버리면 부정적인 에너지가 생깁니다. 사람의 흐름, 즉 인사에도 적당한 순환은 필수입니다. 물론 트러블로 인해 인사 이동이 잦아지는 것은 좋지 않지만요. 그러니 좋은 운과 사람이 잘 순환될 수 있도록 직장 공간과 자신이 일하는 사무실을 더욱 잘 정리정돈해 봅시다.

잡담할 수 없는 사무실에는
부정적 에너지가 생깁니다

너무 조용한 사무실도 긍정적이라고는 할 수 없습니다. 사담을 금하는 사무실이나 잡담하기 어려운 분위기의 사무실은 긴장감으로 인해 부정적 에너지가 감돌기 쉽습니다.

　편하게 잡담할 수 있는 사무실에는 생기 있고 활력 있는 분위기가 생기며 직원들의 의욕도 고양됩니다. 그렇게 되면 의욕이 없던 직원에게도 좋은 영향이 미칩니다. 잡담을 장려한 결과 동료뿐만 아니라 상사와 부하 간 의사소통이 잘 되는 환경을 만드는 데 성공한 기업도 있습니다. 잡담 도중에 다른 사람의 경험담으로부터 깨닫는 바가 있어 간접적으로 배울 수 있기도 하고, 새 아이디어가 생기기도 합니다. 직장 내에 휴게실 등 자연스럽게 잡담할 수 있는 장소를 설치하는 것도 좋겠지요.

시각의 영양이 부족하면
아이디어도 부족합니다

좋은 사무실을 만드는 데 있어 불필요한 시각정보를 줄이는 것도 중요하지만 공간 전체에 아무런 장식도 없는 것은 오히려 바람직하지 않습니다. 밝은 색채, 화사함, 훌륭한 디자인 등 좋은 자극이 없으면 시각적인 영양이 부족해질 수 있기 때문입니다. 이것은 3장의 집 정돈법에서도 설명했습니다.

시각적인 영양이 부족한 공간에서는 아이디어도 부족해지며 사고가 편향되고 유연성이 결여됩니다. 상상력이나 이해력, 공감력도 커지기 힘듭니다. 공간에 존재하는 양질의 색채나 디자인, 질감은 중요한 눈의 영양원입니다. 막힌 사고를 풀어주고, 어지러운 감정도 정리해줍니다.

실제로 사무실 풍수 감정을 위해 사무실에 가보면 색채 자극이 부족한 케이스를 많이 봅니다. 사무실에서 쓰이는 가구, 도구는 주로 회색이고, 직원들이 입는 양복도 회색이나 남색이 많습니다. 이런 색조는 아무래도 공간 전체를 무겁게 만들고 긴장감이 돌게 합니다. 의견 교환이 잘 안 되고, 잡담하기도 힘들어지지요.

이 경우에는 사무실 전체를 둘러보아 부족한 색을 추가합니다. 난색 계통이나 부드러운 중간색이 효과적입니다. 옅은 노란색, 옅은 베이지, 옅은 오렌지색, 옅은 갈색 등이 좋습니다. 작업 공간에서 집중력을 높이기 위해 파란색, 초록색과 같은 한색을 더하는 경우도 있는데, 군청색 같은 짙은 색보다는 하늘색 등 옅은 색이 더욱 좋습니다.

사무실 안에 있는 색들은 그곳에서 일하는 사람들에게 힘을 줍니다. 예를 들어, 초록색 관엽식물은 사람들을 릴랙스하게 만들고, 나무로 만든 책장이나 테이블에 들어간 갈색은 안정감을 줍니다. 아울러 벽에 걸린 풍경화나 사진에 붉은색이 들어 있다면 의욕을, 블라인드나 커튼이 노란색 계열이라면 희망을 고취시킬 수 있습니다.

관엽식물을 사무실 입구나 휴게실에 두는 곳도 있지만 숨 가쁜 공기를 누그러뜨리고 답답함을 해소하는 효과를 기대한다면 책상이 있는 작업 공간에 두는 편이 낫습니다.

하지만 시든 식물은 두지 않는 것이 좋습니다. 또 3장에서 말했던 바와 같이 선인장처럼 가시가 있는 식물이나 낙엽이 떨어지는 식물은 피합니다. 청소가 힘들 뿐만 아니라 잎이 떨어지는 모습이 발전의 이미지와는 상충하기 때문입니다. 식물을 고를 때는 줄기가 위로 쭉 뻗고 잎이 큰 것을 고릅니다. 발전성을 연상시키게 하는 것이 포인트입니다.

사무실에 걸 그림이나 사진도 진취적인 이미지를 연상시키는 것이 좋습니다. 풍경화, 꽃처럼 자연에 관한 그림이나 사진을 추천합니다. 특히 완만한 언덕이 그려진 그림은 안정된 분위기를 가져다줍니다. 직장에 전체적으로 부족한 색을 그림이나 사진으로 보충하면 됩니다. 벽지나 커튼 등에 가로줄 무늬가 있으면 안정을, 세로줄 무늬가 있으면 발전을 연상시킵니다.

아울러 벽에 사훈이나 슬로건은 걸지 않는 편이 좋습니다. 작업 도중 한숨 돌리려 컴퓨터에서 눈을 뗐는데 사훈이 눈에 들어오면 릴랙스할 수 없으니까요. 사훈, 슬로건은 교훈은 될지 몰라도 시각적인 영양이 되어주지는 않습니다.

직원에게 부정적인 영향을 주는 직장

직원에게 긍정적인 영향을 주는 직장

밝은 색이 있다

먼지가
쌓여 있지 않다

최소한의
물건만 있다

적당한 잡담을
할 수 있다

공간이 여유롭다

어떠한 상황에도
평상심을 잃지 않는 10가지 습관

10

자신을
억누르지 마세요

지금까지 환경과 감정을 정리하는 방법에 대해 설명했습니다. 감정은 환경의 영향을 받는다고 계속 이야기했지만, 여기서 환경은 외부 환경만을 말하는 것이 아니라 내면 환경도 포함합니다. 외부 환경을 정리하는 것만큼 내면의 환경을 정리하는 것도 아주 중요합니다. 이번 장에서는 내면 환경을 정돈할 수 있는 감정 정리법을 소개하고, 그것을 통해 더욱 나답게 살기 위한 마음가짐을 만들 수 있도록 하려 합니다.

먼저 가장 기본이 되는 마음가짐은 윈윈 관계를 추구해야 한다는 것입니다. 이 세상은 자신과 타인이 서로 영향을 주고받으며 살아가므로, 나를 아끼는 것처럼 다른 사람들도 아끼고 함께 이익을 보는 세상을 만들어야 합니다. 자신과 타인 양쪽 모두 만족스럽고 손해를 보지 않는 윈윈 관계를 추구하면 긍정적 에너지가 순환하게 되고, 새로운 행복이 찾아옵니다.

그렇게 되기 위해서는 한 가지 전제가 필요합니다. 바로 자신을 억누르지 않는 것입니다. 자기가 하고 싶은 일이나 원하는 것을 참고서 상대를 우선시하고 맞춰주기만 한다면 처음에는 겸손하고 배려심 있는 자세로 보일지도 모르지만, 점점 상대에게도 참기를 강요하게 되어 양쪽 모두에게 손해가 됩니다. 자신을 억누를 때 부정적인 감정과 에너지가 생기기 때문입니다. 내가 참고 있으니 상대도 당연히 참아야 한다고 생각하게 되고, 참다 참다 한계가 오면 상대에게 양보하기는커녕 상대에게서 빼앗으려 하게 됩니다.

이러한 부정적 에너지의 순환에 빠지지 않기 위해서는 자기가 하고 싶은 것, 원하는 것을 참지 않아야 합니다. 자기 감정과 욕망도, 남의 감정과 욕망도 있는 그대로 받아들이고 '다 그런 법이지' 하며 긍정하는 습관을 가져야 합니다.

그렇다면 구체적으로 어떻게 하면 될까요? 이제부터 소개할 '어떠한 상황에도 평상심을 잃지 않는 10가지 습관'이 그 답입니다. 1장에서 4장까지 이야기했던 외부 환경을 정리하는 정돈법에 더해 내면 환경을 정리하는 10가지 습관들을 함께 실천한다면 감정이 더욱 잘 정리되고, 마음이 개운해질 것입니다. 안과 밖의 환경 모두를 정돈함으로써 인생을 좋은 방향으로 변화시킬 수 있습니다.

감정을
전부 긍정합니다

사람은 자기 안에 부정적인 감정이 생기면 스트레스를 받습니다. 힘들다, 슬프다, 싫다, 화가 난다…. 이러한 부정적인 감정이 강해지면 우울증이나 공황장애 등이 발생할 수 있으며, 때로는 위염 같은 질병이 생겨 몸에 악영향을 주기도 합니다.

하지만 감정이란 사건에 대한 단순한 반응일 뿐입니다. 그러니 기쁜 감정이 좋은 것이고 슬픈 감정이 나쁜 것이라는 식으로 좋고 나쁨을 가릴 수 없습니다. 사람의 감정에는 좋은 것도 나쁜 것도 없습니다. 마음속에 슬픔이나 괴로움이 생겨나도 부정하지 말고 그저 단순한 반응이라고 여기며 전부 긍정적으로 받아들여보세요. 이것이 감정을 어지럽히지 않는 첫 번째 습관입니다.

'말로는 쉬워도 어떻게 그럴 수 있지?'라고 생각하는 사람이 대부분일 겁니다. 먼저 다양한 이미지에서 생겨나는 감정에 대해 자세히 설명하겠습니다.

맨 처음에 설명했듯이, 에너지에는 긍정적인 감정을 가져오는 생기와 부정적인 감정을 가져오는 살기 두 종류가 있습니다. 이런저런 이미지에서 생겨나는 감정도 이 두 종류이며, 그것들은 다시 '음'과 '양'으로 나뉩니다. 정리하자면 다음과 같습니다.

생기 | 양 : 기쁨, 즐거움을 가져오는 에너지
     | 음 : 릴랙스, 편안함을 가져오는 에너지

살기 | 양 : 분노, 짜증을 가져오는 에너지
     | 음 : 걱정, 슬픔, 의기소침을 가져오는 에너지

'양'은 자신의 등을 미는 액셀 역할을 하고, '음'은 흥분을 진정시키는 브레이크 역할을 합니다.

감정에는 이렇듯 종류의 차이는 존재하지만, 앞에서 말씀드렸듯 좋고 나쁨은 없습니다. 양이 좋고 음이 나쁜 것도 아니고, 살기의 감정이 무조건 나쁜 것도 아닙니다.

감정은 일이 잘 풀릴 때는 기쁨이나 즐거움이라는 박수를 보내고, 잘 안 될 때는 분노나 슬픔이라는 경고를 보내는, 자기 내면 상태를 알려주는 센서일 뿐입니다.

하지만 예상하지 못한 일이 일어나면 반응, 즉 감정은 보통 때보다 크고 강해지며 우리는 동요하게 됩니다. 매일 경험하는 일은 그것이 몇 번 일어나도 잘 동요하지 않지만, 처음 겪는 일이나 예상 밖의 놀라운 일에는 동요하게 되는 법입니다. 바로 그 동요가 단순한 '센서'여야 했던 감정을 크게 흔드는 겁니다.

문제는 일어난 일에 대한 반응(감정) 그 자체에 있는 것이 아니라 그 전 단계인 동요를 받아들이지 못하는 자신에게 있습니다. 동요는 당신의 고정관념이 '말도 안 돼!'라고 판단하기 때문에 일어납니다.

이 '말도 안 돼!'라는 생각을 '그래, 이런 일도 있을 수 있지'라는 생각으로 바꾸면 동요할 일이 줄어들고 감정이 덜 흔들리게 됩니다. 그리고 최종적으로는 어떤 일도 받아들일 수 있는 사람이 되는데, 그런 사람을 보통 그릇이 크다고 합니다.

우리가 추구해야 하는 것이 바로 '이런 일도 있을 수 있지'라는 마음가짐입니다. 처음에는 잘 안 되겠지만, 훈련을 거듭하면 마음속에 자리 잡게 될 것입니다.

예를 들어, 예상 못한 일이 일어나 동요하게 되고 감정이 크게 흔들려 분노와 같은 부정적인 감정이 끓어오를 때는, 그 감정을 그대로 받아들이면 됩니다. 분노를 부정하지 않고 '화가 나는 것도 당연해, 나는 건강한 거야!'라며 긍정합시다. 감정을 억지로 누르면 감정은 처리되지 못하고 마음속에 쌓여 스트레스로 변합니다. 일단 떠오른 감정을 무조건 긍정하면 처리되지 않고 쌓이는 일이 없습니다.

그 후에 '이런 일도 있겠지'라고 받아들이는 연습을 의식적으로 해봅시다. 반복해서 연습하면 점점 참지 않아도 부정적인 감정 자체가 덜 떠오르게 됩니다. 조금씩 자기 그릇이 커지며 어떤 감정이라도 긍정하는 자신으로 변화할 수 있습니다.

욕망을 가져도 되는 상태로
만듭니다

남을 부러워하거나 질투하는 감정은 누구에게나 있습니다. "사촌이 땅을 사면 배가 아프다"는 말도 있죠. 또한 금전욕, 물욕이나 식욕, 성욕 등에 휘둘려서 자기통제에 실패하는 일도 흔합니다. 그때마다 '이렇게 욕심이 많다니 나는 정말 틀려먹었어' 하고 자책합니다. 이러한 생각 역시 인생의 큰 고민이자 근심거리이며, 감정을 어지럽히는 커다란 원인 중 하나입니다.

지금부터는 '이걸 하고 싶다', '저걸 하고 싶다', '다 가지고 싶다!' 등등의 욕망에 휘둘려 괴로워하지 않기 위해 어떻게 대처해야 하는지 알아보겠습니다.

먼저 사람은 6가지 욕망을 가지고 태어납니다. 6가지 욕망은 다음과 같습니다.

① 욕심을 내는 것

② 성을 내는 것

③ 무지한 것

④ 오만한 것

⑤ 의심하는 것

⑥ 무엇이든 나쁘게 보는 것

이 6가지 욕망 때문에 사람은 다른 이의 경력이나 소유물을 부러워하거나 깔보거나 의심하고 악의적으로 해석하는 등 번민하고 괴로워합니다.

그 상태에서 벗어나는 방법은 단 하나, 자기 안에 있는 6가지 욕망을 부정하지 않고 있는 그대로 받아들이는 것입니다. 감정을 전부 긍정하는 것처럼 욕망, 집착도 당연한 것이라고 긍정해보세요.

· 이것저것 전부 가지고 싶다고 욕심부려도 괜찮다.

· 마음에 들지 않으면 화내도 괜찮다.

· 무지해도 괜찮다.

· 오만하고 부주의해도 괜찮다.

· 남을 의심해도 괜찮다.

· 무슨 일이든 부정적으로 봐도 괜찮다.

사람의 마음은 흔들리고 움직이는 법이므로, 마음 상태가 어떠하든 부정하지 말고 '그런 법이지' 하고 받아들이세요. 욕망을 없애려 하거나 욕망에 대항하려 하지 않고 그대로 받아들인 뒤, 각각의 욕망과 반대되는 생각과 행동을 실천함으로써 욕망을 중화시키는 방법이 좋습니다.

① 욕심을 내는 것

반대 생각

만족을 안다

만족하는 마음이 무엇인지 탐구한다

반대 행동

남에게 무언가를 준다

헌금을 내거나 기부를 한다

② 성을 내는 것

반대 생각

용서한다

자비가 무엇인지 탐구한다

반대 행동

자연 속에서 의식적으로 불편함을 견뎌본다

산에 올라 명상한다

③ 무지한 것

반대 생각

배우려는 자세를 가진다

지혜가 무엇인지 탐구한다

반대 행동

모르는 분야에 대해 배운다

남의 말을 귀 기울여 듣는다

④ 오만한 것

반대 생각

겸허함이 무엇인지 탐구한다

반대 행동

남이 모르게 선행을 한다

선구자를 따른다

머리를 숙인다

⑤ 의심하는 것

반대 생각

신뢰가 무엇인지 탐구한다

반대 행동

중요한 일을 남에게 맡긴다

과거의 일을 사과하고 용서받는 경험을 갖는다

⑥ 무엇이든 나쁘게 보는 것

반대 생각

긍정적인 관점에 대해 탐구한다

반대 행동

좋은지 나쁜지 직접 확인한다

본인이 없는 곳에서 그 사람을 칭찬한다

멋지다고 생각하는 것을 남에게 소개한다

욕망을 비정상적인 것이라며 없애려고 하는 대신, 욕망을 인정하고 이러한 생각과 행동을 실천하면 부정적인 영향을 줄일 수 있습니다. 욕망을 '가져도 되는 상태'가 되는 것입니다. 그러면 자기 경제력 이상의 물건을 사다가 카드빚으로 파산하거나 돈을 얻기 위해서 범죄를 저지르는 것과 같은 '욕망의 폭주'는 저절로 사라집니다.

도리어 욕망이 긍정적인 에너지를 가져다주는 상태가 됩니다. 아름다운 보석을 보고 '저거 가지고 싶다, 몸에 걸치면 예쁘겠지'라고 생각하거나 '하와이에 가면 재밌을 거야. 좋아, 1년 후에 갈 수 있게 열심히 일하자!'라고 생각할 때, 욕망은 미래에 대한 즐거운 이미지나 결심으로 이어집니다.

욕망하는 만큼 즐거운 이미지를 품을 수 있는 상태, 이것이 '욕망을 가져도 괜찮은 상태'입니다. 이 상태에 도달하면 선택지가 2개일 때는 어느 한쪽이 아니라 양쪽 다, 3개 이상일 때는 전부 가지고 싶다고 생각해도 문제가 없습니다.

우리는 가정과 학교 등 사회의 다양한 상황 속에서 가장 가지고 싶은 것 하나만 선택하라고 배웠습니다. 하지만 그것은 금욕을 권장하는 일반적인 윤리에 따른 선택법입니다.

"사과와 바나나 중에 뭘 먹고 싶습니까?"라는 질문에 한쪽을 선택해서 대답하는 것이 일반적이지만, 둘 다 먹고 싶다면 "둘 다요"라고 대답하는 것이 욕망을 긍정하는 태도입니다. 물론 정말로 둘 다 얻을 수 있다는 소리는 아닙니다.

저는 점심 선택지가 2가지인데 둘 다 맛있어 보이면 "반반씩 주실 순 없나요?"라고 물어보는 것이 이상적이라고 생각합니다. 욕망을 있는 그대로 받아들이는 겁니다. 둘 다 맛있어 보여서 하나를 고르기 힘들다면 양쪽 다 고르는 것이 솔직하고 자연스럽습니다. 둘 다 달라고 했다가 안 된다는 대답을 들으면 그때 한쪽을 선택하면 됩니다.

욕망은 얼마든지 가져도 좋습니다. 그렇지만 욕망은 채우려 해도 채워지지 않는다는 점과, 계속해서 끊임없이 일어난다는 점은 기억해두세요. 보석을 가지고 싶다는 욕망을 채우기 위해 거금을 들여 보석을 사더라도 만족스러운 것은 잠깐뿐일 겁니다. 구입하는 순간의 짧은 쾌락밖에는 얻을 수 없습니다. 물론 보석으로 몸을 꾸미고 다니는 기간도 즐겁긴 하겠지만, 점점 가지고 있는 것이 당연해져서 언젠가는 질려버립니다. 그리고 또 다른 보석에 눈길이 가게 되고 같은 일을 반복하게 됩니다.

조금 전 설명했던 점심 선택에 관한 이야기에서도, 욕망이 충족되는 것은 먹은 직후 배가 부를 때뿐입니다. 배가 고파지면 또다시 다른 것을 먹고 싶은 욕망이 생기니까요. 욕망은 충족되는 것이 아닙니다.

① 욕망은 당연히 있는 것, 가져도 괜찮은 것임을 받아들인다
② 반대되는 생각과 행동으로 중화시켜 '욕망을 가져도 괜찮은 상태'를 만든다

이것이 괴로움 없이 욕망과 마주할 수 있는 방법입니다.

습관
3

실패해도
괜찮습니다

인간관계에서도 일에서도 다음과 같은 경우가 많습니다.

· 한 번 실패하면 좌절해서 좀처럼 회복하기 힘들다.
· 실패하는 것이 두려워서 행동할 수가 없다.

이렇게 실패를 두려워하는 마음 때문에 사람은 몇 가지의 선택지 중에서 하나를 선택할 때면 가장 안전하고 리스크가 적은 선택지를 고릅니다. 실패할 것 같은 쪽을 기꺼이 고를 사람은 없겠죠.

그러나 실패하지 않을 선택만 계속 하다 보면 점차 실패를 지나치게 두려워하게 됩니다. 그러면 위험해 보이는 일들을 점점 더 멀리하고, 원하지 않는 결과를 피하는 데만 골몰한 나머지 실패할 용기를 내기는커녕 선택 자체를 하지 못하게 됩니다.

'잃고 패배한다'는 뜻의 실패는 누구라도 경험하고 싶지 않은 법입니다. 생각했던 대로 하지 못해서 쓰라린 기분을 맛보면 뭘 해도 실패할 테니 아무것도 하기 싫다는 생각으로 시도를 거부하는 상황에 빠지고 맙니다. 반대로 실패를 하면 할수록 성공에 가까워진다고 생각해보세요.

여기에서도 전부 받아들이고 긍정하는 것이 중요합니다. 감정이나 욕망과 마찬가지로 실패도 긍정하세요. 실패는 잃거나 진 것이 아니라 그저 생각한 대로 되지 않은 상태일 뿐입니다. 그리고 생각한 대로 되지 않는 경험은 근사한 경험입니다.

성공은 큰 전진, 실패는 작은 전진

실패하지 않기 위해 아무것도 하지 않는 것보다 언제나 한 발 전진하는 태도와 그 시도 자체가 중요합니다. 이러한 태도를 익히고 몸에 배게 한다면 실패는 성공하기 위해 필요한 경험이라는 것을 알 수 있을 것입니다.

자기관리가 뛰어나고 소위 성공한 사람들은 대부분 이 자세가 몸에 배어 있습니다. 성공한 사람들은 진지하게 시도한 일이 잘 풀리지 않더라도 그것을 실패했다고 여기지 않습니다. 하나의 경험이라고 여깁니다. 몇 번이고 계속해서 도전하다가 포기할 수밖에 없어졌을 때에야 비로소 실패라고 합니다.

세계적인 프로골퍼나 셰프들도 셀 수 없이 많은 시도와 실패 경험을 거쳐서 성공했다는 사실을 모르는 사람이 아주 많습니다. 미디어에서는 화려한 성공만을 조명합니다. 그들의 '잘 된, 잘 되는 상태'에만 가치를 두게 되면 '잘 안 되는 상황'을 과도하게 두려워하게 되는 상황이 생기게 됩니다.

예상 밖의 결과가 나왔다 하더라도 성공에 한 발 가까워진 것은 분명합니다. 이번에 쓴 방법은 효과가 떨어진다는 사실을 알았으니 손해가 아니라 오히려 이득 아닐까요? 실패 때문이 아니라 실패 경험을 무가치하게 여기고, 두렵다며 움직이지 않는 태도 때문에 성공이 점점 멀어지는 것입니다.

아무런 준비도 없이 도전해도 된다는 뜻은 아닙니다. 모르는 대신 사전 준비와 대책을 세워둡시다. 그리고 경험과 실패를 통해 배우겠다는 자세로 임하면 어떤 과정과 결과에도 마음이 흔들리지 않게 됩니다. 항상 실패보다 좋은 스승은 없다고 생각하며 살아가는 것이 좋습니다.

현재를 설레는 순간으로
만듭니다

"지금 나만 참으면 돼", "미래를 위해서 지금은 포기하자", 주변에서 꽤 많이 들을 수 있는 말입니다. 언뜻 듣기에는 헌신적이고 겸허한, 훌륭한 말 같지만 사실 감정을 정리하는 데에는 그다지 좋은 사고방식이 아닙니다. 지금까지 설명했듯 감정과 욕망은 모두 긍정해야 하며 '바로 지금 충족된 상태'가 가장 중요하기 때문입니다.

무엇보다 현재가 가장 중요하다고 여겨야 합니다. 시간에는 과거, 현재, 미래라는 3가지 축이 있는데, 현재의 나 자신을 긍정적으로 본다면 그 연장선상에 있는 미래의 나에게도 희망을 가질 수 있습니다. 또한 과거의 내가 저지른 실패도 '이제 보니 그 경험이 있었기에 지금의 성공이 있구나' 하고 긍정적으로 받아들일 수 있습니다. 현재를 긍정하면 자기 안에 긍정적 에너지가 생기기 때문에 과거도 좋은 방향으로 해석할 수 있게 됩니다.

반대로 '지금의 나는 마음에 들지 않아. 이상적인 모습이 아니야'라고 현재를 부정하면 부정적 에너지가 싹트고, '미래의 나도 별 볼 일 없겠지', '과거에 선택을 잘못해서 이 모양이야'라며 과거와 미래까지 부정하게 됩니다.

현재를 어떻게 보느냐에 따라 미래와 과거가 달라집니다. 과거와 미래는 이미지일 뿐 지금 눈앞에 실재하는 것이 아닙니다. 시간에는 현재, 즉 지금만이 존재한다고 생각해야 합니다. 과거란 기억을 현재 시점에서 해석한 결과입니다. 미래도 실재하지 않는 이미지에 불과하지만, 현재를 바꿀 수 있습니다. 예를 들어, 다음 주에 애인과 레스토랑에 가서 맛있는 것을 먹겠다는 명확한 미래를 그리면, 그때부터 바로 두근거리는 감정이 생기죠. 이때 시간의 흐름은 다음과 같습니다.

미래 ⇨ 현재
즐거운 미래를 만들면 현재가 즐거워집니다.

현재 ⇨ 과거

현재가 즐거우면 과거에 힘들었던 일에도 의미가 생깁니다.

예를 들어 '지금 이렇게 설렐 수 있는 건 전 연인과 헤어졌기 때문이다'라는 식으로 고쳐 생각할 수 있습니다.

설레는 감정은 그 사람을 생기 있게 만들며, 현재를 근사한 시간으로 만들어줍니다. 현재를 설레는 순간으로 만들려면 멋진 미래를 그려보세요. 그것만으로도 현재를 행복한 감정으로 가득 채울 수 있습니다.

다른 사람의 힘을
빌립니다

일이 생각한 대로 풀리지 않고, 몇 번을 해봐도 실패할 뿐이라고 말하는 사람들이 많습니다. 일에서도 사생활에서도 곧잘 벽에 부딪혀 움직이지 못하는 사람들에게는 하나의 공통점이 있습니다. 바로 모든 일을 혼자서 떠안는 타입이라는 점입니다. 처음부터 끝까지 자신의 손을 거치며 일을 혼자 완벽히 해내려는 사람이나, 육아와 가사를 혼자 전부 도맡아 하는 사람들을 주변에서 많이 볼 수 있죠. 이들은 자는 시간까지 쪼개어가며 열심히 노력하는데 생각대로 잘 안 돼서 힘들어하기도 합니다. 그럴 수밖에요. 세상은 자신의 힘인 '자력'과 다른 사람의 힘인 '타력'으로 이루어져 있습니다. 나 자신은 한 명뿐인 데 비해 다른 사람은 무수히 많으므로 세상이 자기 생각대로는 되지 않는 것입니다.

먼저 이 사실을 흔쾌히 받아들여보세요. 무언가를 받아들이는 포용력을 '그릇'이라 합니다. 앞서 첫 번째 습관으로 다루었던 '감정을 전부 긍정합니다'에도 나왔던 이야기죠.

잘 안 되고, 혼자선 어렵겠다는 생각이 들면, 괜히 버티고 있지 말고 다른 사람의 힘을 빌려보세요. 혼자 할 때보다 금방 해결될 것입니다.

대부분의 가정이나 학교에서는 다른 사람의 힘을 빌려서 사는 것은 좋지 않다고 가르칩니다. 자기 힘으로 길을 헤쳐나가라고요. 하지만 유감스럽게도 자신의 힘으로만 모든 일을 해결하려 한다면 작은 성과밖에는 얻을 수 없습니다.

자신의 힘으로 100% 일을 해냈을 때와 자신의 힘을 99%, 다른 사람의 힘을 1% 더했을 때는 결과 면에서 큰 차이를 보입니다. 1%만 도움을 받았을 뿐인데 결과는 훨씬 더 좋죠. 왜냐하면 혼자 할 때는 생각지도 못한 좋은 타이밍을 알게 되거나 인맥을 제공받을 수 있기 때문입니다. 혼자서 애쓰는 비중을 줄일수록 상상 이상의 결과를 얻을 수 있을 겁니다.

덧붙여 다른 사람의 힘을 빌릴 때 죄책감을 가지지 않는 것이 중요합니다. 죄책감은 부정적인 에너지를 만들기 때문입니다.

그러면 기껏 빌린 힘에도 부정적인 에너지가 깃드는 일이 생깁니다. 고개를 숙이거나 미안함을 표하는 대신 진심으로 감사하며 밝은 기분으로 힘을 빌리세요. 그러면 그 힘이 긍정적인 에너지가 되어 일을 좋은 방향으로 이끌 것입니다.

몸·입·뜻 = 행동·말·마음을
일치시킵니다

생각대로 결과가 나오지 않거나 원하는 바가 도무지 이루어지지 않는 이런 상황을 보통 불운하다고 하며, 불운에는 언제나 부정적인 감정이 따라옵니다. 불운한 일을 겪었는데 기분 좋아할 사람은 없을 테니까요. 불운한 일은 가능한 한 피하고 싶지만, 우리가 날씨나 다른 사람을 컨트롤할 수 없듯이 인생의 사건도 컨트롤할 수는 없습니다. 그러나 우리가 자유자재로 컨트롤하고 선택할 수 있는 것이 3가지 있습니다. 바로 다음에 설명할 '몸·입·뜻'입니다.

몸 : 하는 것, 행동
입 : 말하는 것, 언어

뜻 : 생각하는 것, 의식의 초점

구카이 대사(9세기 초에 활동한 승려로, 중국의 밀교를 전수받아 일본 진언종을 창시하였다 _ 옮긴이)는 몸과 입과 뜻이 일치될 때 모든 소원이 이루어진다고 말했습니다. 그러나 사람의 행동, 말, 생각은 서로 전혀 다를 때가 많습니다. 돈을 모으고 싶다고 하면서 과소비를 하거나, 살을 빼고 싶다고 하면서 간식을 계속 먹기도 하지요.

원하는 바를 이루려면 몸과 입과 뜻을 일치시켜야 합니다. 즉 원하는 결과(뜻)를 명확히 설정하고 그에 알맞은 언동(몸, 입)을 행하는 것이 중요합니다. 원하는 결과가 불명확하고, 원하는 결과와 따로 노는 언동을 한다면 당연히 좋은 결과가 나오지 않습니다.

"나는 분명 원하는 바와 말과 행동이 일치하는데도 소원이 이루어지지 않는데요!"라고 하는 분은 자신이 평소에 습관적으로 어떤 말을 하는지 떠올려보세요. "이런 일 해도 아무 소용없을 텐데", "이건 어려워 보여", "이렇게 해서 제대로 될까" 같은 말을 하지는 않나요?

사실 몸, 입, 뜻 중에 가장 손쉽게 사람을 불운으로도 행운으로도 이끌 수 있는 도구가 '입'입니다. 의식의 초점(뜻)에 따라 행동(몸)과 발언(입)의 방향이 결정되지만, 자신의 발언(입)은 자신에게 특히 큰 영향을 준다는 것을 잊지 마세요. 원하는 결과를 위한 행동을 하고 있다 해도, 입으로는 자꾸만 "역시 어려울 것 같아"라고 말한다면 의욕이 떨어지고, 정말로 어려운 상황이 만들어집니다. 자신이 내뱉는 말은 자기자신이 가장 가까이에서 듣고 있으니까요. 영향을 크게 받는 것이 당연합니다.

마찬가지로 잘못한 일이 없는데도 "죄송합니다", "미안해"라고 사과하는 습관이 있는 사람은 자신을 사과해야만 하는 사람, 주변에 폐를 끼치는 사람이라고 무의식적으로 생각하는 것입니다. 이 말은 상대에게도 영향을 주어 실제로는 잘못한 일이 없어도 '저 사람 또 뭔가 저질렀군'이라고 생각하게 만듭니다.

또한, 진심은 아니더라도 "무리야", "못 하겠어"라고 빈번히 말하는 사람은 자기 스스로 의욕을 꺾고 포기하는 습관이 있는 것입니다. 듣는 사람에게도 이 사람은 무능한 사람이라는 이미지를 심어주어 좋은 기회를 놓치게 될지도 모릅니다.

자신의 말은 자신이 나아갈 방향을 좌우합니다. 습관적으로 사과하는 사람이 "죄송합니다"라고 무심코 말해버렸다면 그 말을 덮듯이 바로 "감사합니다"라고 말하도록 합시다. 그러면 불필요한 죄책감이나 열등감을 느끼지 않을 수 있습니다.

포기하는 습관이 있는 사람이 "어차피", "무리"라는 말을 무심코 내뱉었다면 "그래도 가능성이 있을 거야", "의외로 할 수 있을지도"라고 긍정적인 말을 덮어보세요.

부정적인 에너지가 담긴 공격적이거나 회의적인 말을 입에 담는 나쁜 습관이 사라지고, 긍정적 에너지가 담긴 조화롭고 낙관적인 말을 하는 좋은 습관이 몸에 붙는다면 무의식중에 운이 좋아집니다.

'해야 한다'는
사고를 버립니다

하루하루의 행동을 '해야 한다'고 생각할지, 단순히 '할 예정인 일'이라고 생각할지에 따라 인생의 흐름은 크게 바뀝니다. 거기에 더해 자신을 둘러싼 환경과 사람에 경의를 가지고 '감사히 그 일을 하면' 운은 매우 발전적인 방향으로 흐르기 시작합니다. '해야 한다'는 생각은 부정적인 에너지를 낳고, '감사히 일을 한다'는 생각은 긍정적인 에너지가 되어 인생을 발전적인 방향으로 흐르게 하는 토대가 되기 때문입니다. 우리가 추구해야 할 것은 당연히 후자입니다.

그러나 대부분의 사람들이 '해야 한다' 혹은 '하지 말아야 한다'라는 기준으로 행동을 결정합니다. 가장 안 좋은 경우는 어릴 때 가정이나 학교에서 배운 룰에 아직까지 얽매여 있는 경우입니다.

부모님께 혼날 테니 이런 행동은 하면 안 된다거나, 선생님께 칭찬받으려면 이런 행동을 해야 한다는 생각이 무의식중에 공포를 만들어내는 것 아닐까요?

예를 들어, 부모에게서 "음식이 나왔을 때 가장 먼저 먹으려고 손을 대는 것은 버릇없는 짓이야! 가장 마지막에 집도록 하렴"이라고 들어온 사람은 어른이 되어서도 그 말을 따릅니다. 룰을 지켜야 한다며 무의식중에 자신을 억제하고 있기 때문입니다. 상대가 자신에게 먼저 고르라고 권한 상황이라도, 남보다 먼저 고르려고 하면 과거의 안 좋은 기억이 되살아나 마음이 불편해지기 때문에 결국 사양하게 됩니다. 그러나 원하는 바를 참는다는 것은 자신에게 거짓말을 하는 것이나 마찬가지입니다. 자신의 솔직한 감정이나 진짜로 원하는 것을 드러내지 못하고 참으면 부정적인 에너지가 생길 수밖에 없습니다.

상대에게도 거짓말을 하는 셈이므로 이것은 '거짓 겸허'입니다. 겸허한 척하는 사람이 될 뿐이죠. 억지웃음과 마찬가지로 거짓 겸허 역시 알게 모르게 상대에게 전해지기 마련입니다. 그러면 상대는 이쪽을 믿기 힘들다고 생각하고, 관계가 어색해지기도 합니다. 원하는 대로 하지도 못하고 억지로 참았는데 신뢰까지 받지 못하다니 이보다 더 억울할 수 있을까요?

'해야 한다' 사고를 가지고 있는지 궁금하다면 평소에 다음과 같은 생각이나 말을 자주 하지는 않는지 체크해보세요.

· ○○하면 안 된다

· ○○해야 한다

· ○○여야 한다

· ○○하지 않으면 안 된다

사실 이런 룰을 만들고 계속 지켜온 것은 나 자신이기 때문에 오늘부터 지키지 않겠다고 내던져버려도 문제가 생길 일이 없습니다. 룰은 내 마음대로 바꿀 수 있으며 다른 누군가의 승인은 필요하지 않습니다.

그러니 자신의 감정과 욕망에 맞지 않는 룰은 지금 당장 버립시다. 자신을 얽매는 룰은 적을수록 이상적입니다. 아무리 오래 지켜온 룰이라도 현재 상황에 맞춰 간단히 바꿀 수 있도록 유연성을 기릅시다.

자신이 좋아하는 것을
나침반으로 삼습니다

자신이 아주 좋아하는 것, 끌리는 것, 하고 싶은 것을 확실히 파악해서 그 욕구에 최대한 솔직해지면 인생의 흐름이 좋아집니다. 왜냐하면 좋다, 끌린다, 하고 싶다는 감정은 사람을 활력 있고 생기 있게 만드는 강력한 힘이 되고, 또 인생의 보물이 어디 있는지 가리키는 나침반이 되기 때문입니다.

자신의 욕구를 잘못 파악하면 나침반이 고장 나서 보물이 있는 곳을 가리켜주지 않습니다. 욕구에 솔직해지기는 조금 부끄럽다고 주저할 때가 아닙니다. 남에게 말할 수 없는 내용이어도 괜찮습니다.

만약 자기가 무엇을 좋아하는지, 무엇을 하고 싶은지, 무엇에 끌리는지 잘 모르겠다면 다음의 질문들을 참고해 오감 중 자신이 좋아하는 것을 찾아보세요. 대답을 종이에 적어보아도 좋습니다.

시각

무엇을 보면 기분이 좋아지는가?

앞으로 어떤 것이나 상황을 보고 싶은가?

청각

무엇을 들으면 기분이 좋아지는가?

앞으로 어떤 말이나 소리를 듣고 싶은가?

후각

어떤 향기를 맡으면 기분이 좋아지는가?

앞으로 어떤 향기 속에 살고 싶은가?

어떤 공기를 마시고 싶은가?

미각

무엇을 먹거나 마시면 기분이 좋아지는가?

앞으로 어떤 음식이나 음료를 먹고 싶은가?

촉각

무엇을 만지고 어떤 시간을 보내면 기분이 좋아지는가?

앞으로 어떤 것을 만지고 싶은가?

앞으로 어떤 것을 경험하고 싶은가?

사람에 따라 오감 중 어떤 것을 우선하는지는 다릅니다. 순위를 매기기 어렵다면 가장 우선순위가 높은 것만이라도 파악합시다. 저의 경우 미각이 1위입니다.

자신의 우선순위를 알아두는 일은 매우 중요합니다. 자신의 오감이 어떤 상황에서 기뻐하는지 확실히 파악하고 구체적인 내용을 리스트로 만들어보면 자신의 중심에 무엇이 있는지, 즉 나답다는 것이 무엇인지 알 수 있습니다. 오감의 우선순위나 앞의 질문에 답변한 내용은 나이가 들어가고 경험을 쌓아가면서 바뀌기도 하니 수시로 업데이트합시다.

주위 사람들에게도 당신이 무엇을 좋아하고 무엇을 하고 싶어 하는지 알려두세요. 관련된 물건이나 정보로 도움받을 기회가 확실히 늘어날 것입니다.

단, 어릴 때 엄한 가정에서 자라 제약이 많았던 사람은 오감 욕구기 약간 왜곡되어 있을 가능성이 있습니다. 자신이 좋아하고, 하고 싶고, 끌리는 감정보다 부모님이 기뻐할 일이나 남이 높이 평가할만한 일을 우선하면서 스스로 결정했다고 생각하는 경우입니다. 이럴 때는 자신의 내면에 가만히 질문해보세요.

부모나 타인의 시선으로 자신을 좋다 나쁘다 평가하지 말고, 순수한 자신의 욕구와 감정을 받아들이는 것, 이것이 자신을 소중히 여기고 진정한 나의 삶을 사는 첫 발걸음입니다.

처음 만나는 사람일수록
마음을 완전히 엽니다

여러분은 처음 만나는 사람에게 어느 정도 마음을 여는 편인가요? '이 사람은 어떤 사람일까?', '믿을 수 있는 사람일까?', '마음이 맞으면 좋을 텐데…' 이렇게 경계하면서 사람을 대한다면 마음이 20% 정도만 열려 있다고 할 수 있겠죠.

'이 사람은 믿을 수 있겠어!', '나랑 잘 맞네' 이런 확신이 생긴 뒤에 비로소 마음을 여는 사람이 대부분일 듯합니다. 그러나 사실 너무 조심하면서 사람을 대하다 보면 좋은 인연을 얻을 기회를 놓칠 수 있습니다.

왜냐하면 마음은 서로 여는 것이기 때문입니다. 마음을 열지 않으면 상대가 발신하는 메시지를 받아들이는 폭도 확연히 좁아집니다. 상대가 어떤 사람인지 알기 어렵고, 이쪽의 장점 역시 잘 전달되시 않습니다.

사람의 감정은 전염되기 때문에 경계심이나 긴장감을 가지면 자연히 상대도 이쪽을 경계합니다. 그러면 표정이 굳거나, 피상적인 대화만 나누게 됩니다. 몇 차례 만나서 좋은 사람임을 알게 되면 다행이지만, 만남이 이어지지 않을 가능성도 있습니다. 누구도 모를 일이지요. 가능한 한 좋은 사람을 만나 좋은 인연을 만들 확률을 높이고 싶다면 첫 만남부터 마음을 완전히 열어보세요.

'나는 낯을 가리는 편이라 어렵지 않을까?', '나는 말주변이 없어서…' 이런 걱정을 할 필요는 없습니다. 괜히 눈치를 보거나 대화를 억지로 이어가려고 하면 오히려 긴장감이 생기고 맙니다.

몸과 얼굴의 긴장을 풀고 '좋은 사람이겠지', '근사한 사람이겠지', '같이 있을 수 있다니 행운이야'라는 호의를 품고 대해보세요. 저는 이것을 '호의 모드'라 부릅니다. 그렇게만 해도 나와 상대 사이에 편안하고 긍정적인 에너지가 흐르기 시작합니다.

마음을 연다는 것은 사람을 호의적으로 본다는 뜻입니다. 전혀 어려울 것 없습니다. 어렵다고 느껴진다면 마음 한구석에 처음 만나는 사람은 경계해야 한다는 생각이 자리 잡고 있기 때문입니다. 이러한 '경계 모드'를 방금 얘기한 '호의 모드'로 재설정해주세요.

우선 호의적으로 사람을 대하다가 만약 '이 사람은 역시 믿을 수 없겠어'라는 생각이 든다면 그때 가서 마음을 닫고 거리를 두면 됩니다. 마음을 열면 인연도 운도 열립니다.

'관심'으로
애정을 표현합니다

마지막으로는 감정 중에서도 사람을 가장 생기 있게 만드는 '애정'에 대해 정리해보겠습니다. 애정은 인간 감정의 핵심입니다. 여기서는 특히 애정표현 방법에 대해서 말씀드릴까 합니다.

사람이 애정을 느끼는 회로는 분명합니다. 그것은 '관심'입니다. 무관심의 반대 개념이죠. 관심이란 상대와 관계하려는 마음이며, '몸·입·뜻' 중에 뜻, 즉 상대에게 마음을 쓰는 상태를 의미합니다. 관심은 사람들을 서로 이어주는 역할을 합니다. 관심을 많이 받으면 기쁘기도 합니다. 경의를 가지고 관심을 표하는 것이야말로 애정표현이라 할 수 있겠습니다.

이것은 연인 관계나 부모자식 관계에서도 마찬가지입니다. 관심이 있기에 대화를 하고, 기쁜 일과 슬픈 일을 공유하면서 서로 존중하고 감사하는 마음을 발달시켜나갑니다. 이렇게 발달시켜온 마음이 있기에 싸움을 하더라도 상대의 처지에서 생각해보거나 자신의 잘못을 깨닫고 사과할 수 있습니다.

부부싸움 역시 아이가 부모에게 반항할 때와 마찬가지로 상대가 용서해줄 것이라 믿기에 가능한 것입니다. 용서해주지 않을 상대와는 섣불리 싸울 수 없는 법입니다. '싸울 정도로 사이가 좋다'는 말이 있는데 어떻게 보면 맞는 말입니다. 관심과 기대가 있기에 싸움도 생기는 법이니까요. 싸움이 생기지도 않을 만큼 무관심해졌다면 관계에 경보가 울리는 것입니다.

상대와 나는 서로 다른 존재이기에 완벽히 이해할 수는 없습니다. 그러므로 상대에게 존경과 관심을 가지고 이해하려는 자세가 중요합니다. 상대에게 관심이 있고 이해하려는 자세를 가지면 상대에게도 애정이 전달될 것이며, 더욱 깊은 관계로 발전할 수 있습니다.

내일이 기다려지는 삶으로

주변을 정리하는 것은 환경을 내 편으로 만드는 기술이라고 지금까지 설명했습니다. 환경을 내 편으로 만든다는 것은 그 공간이 가지고 있는 목적과 환경정보가 서로 일치하는 공간, 즉 원하는 감정에 맞는 공간을 마련한다는 뜻입니다.

그런데 풍수 감정을 위해 여러 집을 방문해보면 공간이 가진 목적과 환경정보가 일치하지 않는 집이 적지 않습니다. 예를 들면 이런 경우들입니다.

· 가족들과 화목하게 지내고 싶은데, 거실 인테리어가 흑백 톤이다

· 편히 쉬고 싶은데, 화려한 원색 무늬의 커튼이나 소파가 있다

· 불면증에서 벗어나 푹 자고 싶은데, 침실에 작업도구나 컴퓨터가 있다

· 짜증내고 싶지 않은데, 물건이나 가구가 너무 많아서 몸이 자꾸 부딪힌다

풍수에서는 나쁜 일이 일어나면 원인은 대개 그 장소에서 찾을 수 있다고 봅니다. 이 책을 읽은 후 원하는 감정과 환경 사이에 모순이 있다면 바로 정돈을 시작하시길 바랍니다.

하지만 어디서부터 치워야 할지 모르겠다는 생각이 든다면 가장 먼저 현관으로 가세요. 그리고 현관 바닥에 있는 신발을 전부 신발장에 넣어보세요. 어떤가요? 신발만 치웠는데도 기분이 꽤 상쾌해지지 않나요?

"보고 계신 앞에서 신발을 치워보겠습니다. 치우기 전과 치운 후의 차이를 느껴보세요."

제가 풍수 감정을 나가면 상담자 앞에서 자주 하는 말입니다. 이렇게 말한 뒤 눈앞에서 신발을 전부 신발장에 넣으면, 모든 분들이 "와… 왠지는 몰라도 기분이 좋네요!"라고 감탄합니다. 이때 들었던 상쾌한 기분은 걸리적거리는 환경정보(신발)가 사

라져서 그 공간이 생기 있어지고, 당신의 감정이 정리되었다는 증거입니다. 이렇게 간단한 행동 하나만으로도 그 공간에는 힘이 생기고, 환경은 내 편이 됩니다.

불면증 때문에 고생하는 부부의 집을 감정한 적이 있습니다. 그분들은 제 조언에 따라 바로 인테리어 가게에 가서 수면에 도움이 되는 조명과 침구를 구입했고, 그날 밤부터 깊이 잘 수 있었다고 합니다. 수면부족으로 인해 몸과 마음에 여유가 없어 싸움도 끊이지 않았는데, 지금은 차분히 대화하는 사이가 되었다고 합니다.

그만큼 환경은 극적으로, 또 빠르게 사람의 감정을 변화시킵니다. "뭘 해도 잘 안 돼요…"라는 분에게 저는 늘 "환경을 바꿔보셨나요?" 하고 물어봅니다. 환경을 바꾸면 인생이 호전될 가능성이 비약적으로 늘어납니다. 환경을 바꾸는 일은 결코 어렵지 않습니다. 지금까지 소개했던 내용들은 지금 바로 실행할 수 있는 것들입니다. 혹시 무슨 일을 해도 잘 안 풀리는 상황이 오면 꼭 환경을 바꿔보세요.

그리고 이 책 곳곳에 담긴 생활습관과 마음가짐에 대한 가르침도 마음에 새기고 꼭 실천해보세요. 행복을 불러오는 사고를 하도록 만들어줄 것입니다. 이 책을 읽은 여러분이 환경과 마음을 정돈해서 더 나은 인생을 살기를 진심으로 기원합니다.

다네이치 쇼가쿠

정리만
했을 뿐인데,
마음이
편안해졌다

펴낸날 초판 1쇄 2018년 7월 20일

지은이 다네이치 쇼가쿠
옮긴이 유민

펴낸이 임호준
본부장 김소중
책임 편집 장여진 ┃ **편집 1팀** 윤혜민 안진숙 박준영
디자인 왕윤경 김효숙 정윤경 ┃ **마케팅** 정영주 길보민 김혜민
경영지원 나은혜 박석호 ┃ **IT 운영팀** 표형원 이용직 김준홍 권지선

인쇄 (주)웰컴피앤피

펴낸곳 북클라우드 ┃ **발행처** (주)헬스조선 ┃ **출판등록** 제2-4324호 2006년 1월 12일
주소 서울특별시 중구 세종대로 21길 30 ┃ **전화** (02) 724-7626 ┃ **팩스** (02) 722-9339
포스트 post.naver.com/bookcloud_official ┃ **블로그** blog.naver.com/bookcloud_official

이 책은 저작권법에 따라 보호를 받는 저작물이므로 무단 전재와 무단 복제를 금지하며,
이 책 내용의 전부 또는 일부를 이용하려면 반드시 저작권자와 (주)헬스조선의 서면 동의를 받아야 합니다.
책값은 뒤표지에 있습니다. 잘못된 책은 바꾸어 드립니다.

ISBN 979-11-5846-246-8 03190

• 이 도서의 국립중앙도서관 출판예정도서목록(CIP)은 서지정보유통지원시스템 홈페이지(http://seoji. nl. go. kr)와
  국가자료공동목록시스템(http://www.nl. go. kr/kolisnet)에서 이용하실 수 있습니다. (CIP제어번호: CIP2018020799)
• 북클라우드는 독자 여러분의 책에 대한 아이디어와 원고 투고를 기다리고 있습니다.
  책 출간을 원하시는 분은 이메일 vbook@chosun.com으로 간단한 개요와 취지, 연락처 등을 보내주세요.

북클라우드 는 건강한 몸과 아름다운 삶을 생각하는 (주)헬스조선의 출판 브랜드입니다.